MW01537883

13 contes et récits d'Halloween

© 2000, Castor Poche Flammarion pour le texte et les illustrations.

FRANÇOISE RACHMUHL

13 contes et récits d'Halloween

Illustrations intérieures de
FRÉDÉRIC SOCHARD

Castor Poche Flammarion

Introduction

Voici que revient le temps d'Halloween, avec son cortège de fantômes, de sorcières et de vampires, sur les chemins où s'allument les grosses citrouilles jaunes. Quel déguisement allez-vous choisir, revenant, momie ou lutin, pour vous rendre chez les voisins, un sac de plastique à la main, en menaçant plaisamment : « Donnez-moi des friandises, sinon je fais des bêtises… » ?

Savez-vous qu'autrefois, à la même date, on célébrait Samain ? C'était il y a 3 000 ans, alors que les peuples celtes occupaient tout l'ouest de l'Europe, en particulier l'Irlande et la Grande-Bretagne. Quand les récoltes étaient engrangées, avant que l'hiver arrive et que la nouvelle année commence, Samain était la plus importante des fêtes celtiques. Tant qu'elle durait, le monde des hommes communiquait avec celui des anciens dieux et des héros morts au combat, qui vivaient éternellement dans l'Autre Monde. C'était une période sacrée et l'on se réjouissait en participant à de grands festins.

De nombreux siècles après, au début du Moyen Âge, les pays celtes devinrent chrétiens. L'Église transforma la fête de Samain en celle de tous les Saints – autrement dit, la Toussaint, le 1er novembre. En France, le Jour des Morts est fixé au lendemain de cette fête, le 2 novembre, mais dans les pays anglo-saxons, les morts sont honorés la veille, le 31 octobre. C'est «All Hallows'Eve» – mot à mot : la veille de la fête de tous les Saints. Cette expression anglaise a été par la suite déformée en «Halloween».

Halloween a toujours été célébré en Irlande, en Écosse, en Angleterre, et l'est encore aujourd'hui. Comme, au XIXe siècle, de nombreux Irlandais et Écossais ont émigré aux États-Unis, ils ont transmis leurs traditions et tous les Américains ont adopté Halloween. Ils l'ont légèrement transformé en lui donnant une touche à la fois comique et terrifiante, à la manière des contes d'Edgar Poe. Aux sorcières et aux spectres traditionnels ils ont ajouté des personnages nouveaux : épouvantails, momies, zombies, robots, et ils ont fait de cette fête pour les enfants une gigantesque opération commerciale. Ils ont aussi remplacé

les betteraves et les navets du vieux continent, dans lesquels on plaçait des chandelles,
par des citrouilles, plus faciles à creuser.

Si aujourd'hui, enfants français, à votre
tour vous célébrez Halloween, c'est que la
vieille fête celtique de Samain a fait, pour
venir jusqu'à vous, un détour par le pays des
hamburgers et des gratte-ciel.

Mais la tradition qui consiste à honorer ses
morts au moins une fois l'an appartient à
toutes les civilisations, même les plus éloi-
gnées de vous. Et nombreux sont les conteurs
qui aiment à conter des histoires de fantômes,
de sorcières, de citrouilles et de chauves-souris. C'est pourquoi, en lisant ce livre, vous
ferez un voyage dans l'espace et dans le temps,
à l'occasion d'Halloween.

Vous trouverez dans ce recueil des contes
traditionnels, recueillis dans les pays celtiques
ou dans des contrées beaucoup plus lointaines,
mais aussi des récits et des nouvelles d'une
inspiration plus personnelle. Certains s'ap-
puient sur des documents historiques, d'autres
sur une expérience vécue lors d'un séjour
récent aux États-Unis.

Et maintenant, bonne lecture !

Halloween hier

Pendant la fête celtique de Samain, comme à la Toussaint chrétienne, les humains ont enfin l'occasion d'entrer en communication avec l'Autre monde. C'est le monde au-delà de la mort, où se trouvent les anciennes divinités, où reposent les parents et les amis défunts, où s'agitent des esprits de toutes sortes, bienveillants ou malveillants, fantômes, fées, lutins, ceux qu'on appelle le Petit Peuple. Le dernier soir du mois d'octobre, ils sortent de dessous terre, à moins qu'ils ne viennent du fond des eaux.

Imaginez que vous êtes en Irlande... Que ferez-vous si vous rencontrez des sidhe, des grogochs, des lépréchauns, des lorgadâns ou des sheerie?... Et si vous êtes en Bretagne et que vous vous trouviez nez à nez avec l'Ankou et les Lavandières de nuit, que ferez-vous?

Dans tous les cas, méfiez-vous, écartez-vous de leur chemin ou récitez vos prières, sinon il vous arrivera malheur. Car les morts, comme les esprits, réclament de vous un peu d'attention et du respect. S'ils ne les obtiennent pas, ils se vengent.

1. Rencontre avec les sheerie

RÉCIT

Entrez, monsieur, entrez… puisque, vous aussi, vous vous êtes égaré sur la lande… Non, vous ne trouverez pas d'auberge par ici. Avec ce temps, la nuit, vous ne rencontrerez personne, sauf des moutons et peut-être des es… chut ! Mieux vaut ne pas prononcer leur nom, surtout aujourd'hui. On peut dire… les

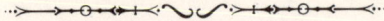

représentants du Petit Peuple, les âmes
venues de l'Autre Monde… C'est fréquent le
jour de Samain… Vous ne comprenez rien à
ce que je dis ? Je vous expliquerai… D'abord,
mettez-vous à votre aise. Retirez votre manteau, vos bottes, vous êtes trempé. Ce n'est
pas grand chez moi, je ne suis qu'un pauvre
vieux, mais ce que j'ai, je vous l'offre de bon
cœur : un reste de ragoût, une pinte de bière
et un matelas pour dormir. Demain matin, on
y verra plus clair. Vous pourrez repartir. Et
quand vous rentrerez chez vous, là-bas, sur
le continent, vous pourrez leur dire que vous
avez une idée de l'hospitalité irlandaise.

Bon, maintenant que nous voilà assis de
chaque côté d'un bon feu de tourbe, moi avec
ma pipe, vous en train de vous rôtir les pieds,
je vais vous raconter…

Nous sommes le 1er novembre, n'est-ce pas ?
La Toussaint, et demain le Jour des Morts.
Le curé nous l'a appris. Mais voyez-vous, monsieur, pour nous autres paysans d'Irlande,
comme avant nous pour nos parents, et les
parents de nos parents, c'est la fête de Samain.
Je vais vous expliquer pourquoi, comme ma
grand-mère me l'a expliqué quand j'étais

petit… C'est elle qui m'a élevé, la pauvre femme. Elle ne savait ni lire ni écrire, pourtant, dans son genre, c'était une savante.

Donc, il y a très, très longtemps, l'Irlande était l'île des dieux, les Tuatha dé Danann – c'était leur nom. Quand les premiers hommes, nos ancêtres, sont venus prendre possession du pays, les dieux ne leur ont pas résisté, ils leur ont cédé la place et sont partis s'enfouir sous la terre, sous des tertres toujours verts, ces petites collines rondes que vous voyez dans nos campagnes. Ils mènent une vie agréable dans l'Autre Monde, à ce qu'on prétend. Ils mangent, ils boivent, ils se bagarrent, ils ont de belles femmes avec eux… Ils ne s'ennuient pas, nos gaillards… Comment je le sais?… Ça… Vous ne me croirez pas, monsieur, mais ce sont les moines, au Moyen Âge, qui ont écrit dans leurs gros livres toutes ces histoires… Ma grand-mère me l'a dit.

Eh bien, le jour de Samain, le temps s'arrête et les anciens dieux sortent de leurs tertres pour rencontrer les vivants. Seulement, tant de siècles ont passé qu'ils ne ressemblent plus guère à des dieux. Ils sont devenus des fées, les sidhe, comme on dit chez

nous, et puis toutes sortes d'êtres extrava-
gants, que vous, les beaux messieurs du continent, allez croire sortis de nos cervelles, quand
nous avons bu trop de whisky...

Et pourtant ils existent... Des êtres pas
beaucoup plus grands que votre botte, bien-
faisants ou malfaisants, ça dépend. Les grogochs, couverts de poils sales, qui veulent toujours aider les gens et se fourrent dans leurs
jambes, au risque de les faire tomber... Les
lépréchauns, avec leur jaquette verte, leurs
chausses rouges et leur chapeau... Ceux-ci,
ils vont si vite que vous n'apercevez qu'un
éclair rouge et vert... ils ont déjà disparu.
Mais si, par hasard, vous leur rendez service,
les lépréchauns vous en sont reconnaissants.
Il y en a d'autres, des êtres méchants. Ceux-
là, il vaut mieux les fuir. Ils ne pensent qu'à
vous faire du mal. Les phookas, qui se trans-
forment en bêtes, les merrows du Pays sous
les Vagues, les banshie, les skeaghshee... Et
surtout les sheerie... Rien que de prononcer
leur nom, les frissons me coulent dans le dos.

Si j'en ai rencontré, de ces êtres-là ?... Vous
en doutez, je le vois dans vos yeux... Oui, mon
bon monsieur, j'en ai vu comme je vous vois,

et plus d'un, et jamais quand je m'y atten-
dais, et pas seulement le jour de Samain...
Les pires, ce sont les sheerie... Rien que d'y
penser... Dieu me garde, vite, que je fasse le
signe de la croix!

Comment, vous voulez en savoir plus?
Savoir ce qu'il m'est arrivé quand j'ai rencontré les sheerie?... Ça n'est pas un souvenir plaisant... Si je vous en fais le récit, vous
me croirez?

J'étais gamin, je pouvais avoir quatorze,
quinze ans. Je travaillais dans les tourbières,
avec les hommes. Nous creusions avec une
bêche spéciale pour former des briquettes,
nous en faisions des tas que nous laissions
sécher... Hé oui, malgré la pluie, ça séchait...
Après, il ne nous restait plus qu'à les mettre
dans des sacs pour les vendre... Vous voyez
comme la tourbe chauffe bien, une chaleur
douce, qui dure longtemps, et moi, j'aime
son odeur quand elle brûle...

Je vivais de ce côté-ci de la lande à tourbe.
Je servais aussi comme valet dans des fermes,
ici et là, pour gagner mon pain. Ma grand-
mère habitait toute seule avec son chien, de
l'autre côté, au pied des montagnes.

Un soir, on est venu me dire qu'elle était malade, qu'elle me réclamait. Je n'ai fait ni une ni deux, j'ai dit bonsoir à la maîtresse qui s'apprêtait à me verser la soupe, j'ai pris un bâton, mon manteau et je suis parti. La fermière m'a crié : «Fais attention à toi, petit... Ce soir les esprits sortent. C'est la fête de Samain.»

Samain... Je n'y songeais même pas. Tout ce que je me disais, c'était que ma grand-mère avait besoin de moi, que peut-être elle allait mourir.

Il faisait nuit noire, le ciel était bas, il tombait une petite pluie fine qui vous mouillait jusqu'aux os... tenez, comme celle de ce soir. Pour arriver plus vite, il fallait que je traverse la tourbière.

Vous avez déjà marché dans une tourbière, monsieur ? Il n'y a pas de sentier, vous devez sauter, le plus légèrement possible, de motte en motte, des mottes couvertes d'une espèce de mousse, douces au pied, toujours un peu branlantes, et entre deux mottes, vous avez de l'eau, de la boue plutôt, épaisse, collante, brune, de la couleur de la tourbe. Il ne fait pas bon enfoncer là-dedans, car il y a des trous

profonds, et rien pour se rattraper, pas une branche, pas un tronc d'arbre. Il y a déjà eu des noyés.

Moi, je connaissais bien mes tourbières, j'y étais souvent allé, mais de jour... La nuit, ce n'est pas pareil. J'étais bien plus maladroit et j'avais les pieds trempés, quand une sorte de brouillard a commencé à m'envelopper. C'était le nuage qui tombait, qui m'entrait dans les narines, qui me forçait à écarquiller les yeux. Alors j'ai vu, droit devant moi, dans un halo, une lumière qui dansait. Je me suis dit : «Bon, il y a quelqu'un sur la lande avec une lanterne, il pourra me guider.» Je me suis approché. Au fur et à mesure que j'avançais, la lumière reculait. Ce n'était plus une lumière, mais deux, trois, dix, qui virevoltaient dans tous les sens... Je n'y comprenais plus rien. J'ai appelé : «Hé! Vous! Là-bas!... Venez m'aider...» J'ai cru qu'elles m'entendaient, ces lumières, parce qu'elles se sont calmées, se sont rassemblées, comme pour me montrer le chemin, en restant toujours à bonne distance. Le brouillard s'était dissipé. Je marchais en sautillant d'une motte à l'autre

et, tout à coup, elles ont disparu. Oui, monsieur, disparu.

La nuit est devenue encore plus noire. Je
ne savais plus où j'étais. Fallait-il continuer,
retourner sur mes pas, aller à droite, à
gauche? Je n'osais plus bouger, il me semblait que, rien qu'en remuant la jambe, j'al-
lais tomber dans un trou sans fond. J'avais
froid et j'étais en sueur.

Et puis, très loin, j'ai vu se former une tache
lumineuse. J'ai vu sortir de l'ombre, lentement, ce qui m'a paru être une maison. Bien
éclairée. J'ai pensé : je suis sauvé. En même
temps j'ai trouvé bizarre de n'avoir jamais
remarqué, jusqu'à présent, cette maison sur
la lande.

Ma foi, je n'avais pas le choix. J'ai recom-
mencé à marcher et l'espoir de m'en sortir me
revenait. Maintenant que j'en étais proche,
la maison me semblait accueillante. Je pouvais même distinguer, autour, des lumières
pareilles à celles que j'avais déjà vues. Je les
distinguais de mieux en mieux... des lanternes... des torches minuscules... tendues
à bout de bras... par... oui, oui... des petites

vieilles... avec des visages d'enfants... gri-
maçants... horribles.

Alors, monsieur, j'ai tout compris... Mon
cœur a cessé de battre... J'ai dit avec épouvante : les sheerie.. mon Dieu... les sheerie.
Elles se sont approchées de moi, toutes
ensemble, elles se sont mises à crier... un son
inhumain, suraigu, continu, qui me vrillait
les oreilles, qui me rendait fou...

Ensuite... Ensuite, mon bon monsieur, je
ne sais pas ce qui s'est passé. J'ai dû perdre
connaissance... Le fermier, parti à ma
recherche le lendemain avec un de mes cama-
rades, m'a retrouvé étendu sur la lande,
trempé, boueux, le nez sur les mottes. Si
j'avais fait un pas de plus, je serais tombé
dans un précipice, à l'endroit le plus dange-
reux de la tourbière. En somme, j'ai eu de la
chance. Quant à ma grand-mère, elle est
morte cette nuit-là, en m'appelant. C'est elle
qui m'a protégé sans doute, en intervenant
près du Bon Dieu... Dites, monsieur, vous me
croyez maintenant, quand je vous parle du
Petit Peuple ?

Bien sûr, après cela, je n'ai plus travaillé
à la tourbe, je me suis engagé sur un bateau.

Puis le mal du pays m'a pris. Je suis revenu et j'ai passé le reste de ma vie ici, de ce côté de la lande. Mon fils, qui habite l'Amérique, voudrait que j'aille le rejoindre. Moi… quitter mes tourbières, mes moutons et les tertres des fées… Vous me voyez, monsieur, au pays des gratte-ciel et des hamburgers?

Paraît que là-bas, ils fêtent aussi Samain. Ils l'appellent Halloween : ça fait moderne.

2. Le fantôme de l'arbre

✳

CONTE IRLANDAIS

Au pied de la colline du Petit Nêifin, dans le comté de Mayo*, vivait Pâidîn Ruadh O'Kelly. Il n'avait qu'un petit terrain à cultiver et sa récolte de pommes de terre était maigre. Il avait souvent faim.

Sa fille unique, Nora Dall, était aveugle de naissance. Quand elle se déplaçait, elle se

* Mayo : comté au nord-ouest de l'Irlande.

tenait droite, la tête en arrière, comme si elle était en conversation avec les nuages. Les gens du pays trouvaient cela bizarre et l'accusaient d'avoir des relations secrètes avec le Petit Peuple, autrement dit avec les esprits et les lutins d'Irlande.

Quant à Pâidîn, il était, lui aussi, bizarre. Il ne tenait pas en place. Tous les soirs, au lieu d'aller se coucher, il sortait – qu'il pleuve, qu'il vente ou qu'il neige. Il marchait dans la campagne, sombre ou claire selon la lune. Il n'aurait pas su dire pourquoi il agissait ainsi. C'était plus fort que lui, c'est tout.

Voici qu'arriva la nuit de Samain*. Tout le monde sait que cette nuit-là, les esprits sortent de dessous terre, qu'ils soient lutins, fées ou fantômes, ou phookas galopant follement, comme des chevaux échappés de l'Autre Monde. Ils viennent abîmer les mûres qui poussent sur les buissons. Après Samain, aucun Irlandais de bon sens n'ira cueillir une seule mûre pour la manger.

Pâidîn n'avait peur ni des phookas, ni des fées, ni des lutins, ni des fantômes. Il croyait

* Samain : fête celtique du 1er novembre (voir l'introduction).

n'avoir peur de rien. Comme d'habitude, il sortit la nuit de Samain. Il marcha longtemps, longtemps, il arriva dans un cimetière qui entourait une vieille église. La lune brillait, toute ronde dans le ciel pur. Comme Pâidîn levait la tête pour la contempler, il vit quelqu'un sauter, il entendit un bruit de branches froissées. Il regarda mieux : c'était un homme gigantesque, qui bondissait d'arbre en arbre. Il sauta à terre et s'approcha de Pâidîn. Celui-ci, tout courageux qu'il était, sentit ses cheveux se dresser sur la tête, la sueur inonder son corps et il ne pouvait plus bouger, paralysé par la terreur.

— N'aie pas peur, lui dit le fantôme, je ne te veux pas de mal. Je sais que tu es un homme brave, c'est pourquoi je t'emmène. Tu verras l'équipe du Petit Peuple de Connaught* jouer contre celle de Munster*, en haut de la colline du Grand Nêifîn.

Le fantôme saisit l'homme et le jeta sur son dos, comme il l'aurait fait d'un sac de pommes de terre, et il reprit le chemin des arbres. Au sommet de la colline, il déposa Pâidîn le

* Connaught, Munster : provinces de l'Irlande, l'une au nord-ouest, l'autre au sud-ouest.

plus doucement qu'il put.

Peu de temps après arriva sur le terrain l'équipe de Connaught, bientôt suivie par celle de Munster, toutes deux composées de petits êtres, mi-fées, mi-lutins. Ils engagèrent une partie de balle. Ils la disputèrent avec beaucoup d'ardeur, en gesticulant de façon comique devant les spectateurs, c'est-à-dire le fantôme et Pâidîn. Celui-ci riait tellement qu'il en avait mal aux côtes. Non, jamais homme vivant n'avait vu spectacle plus amusant.

Comme la partie s'achevait, le chef des gens de Connaught cria :

— Hé ! Fantôme de l'arbre, à ton avis, qui a gagné ?

— Ton équipe.

— Tu mens, s'indigna le chef de Munster. Puisque c'est ainsi, avant d'abandonner la partie, nous allons nous battre avec les gens de Connaught.

Ce ne fut pas un combat pour rire. Il y eut des crânes brisés, des mains et des pieds arrachés et la colline devint rouge de sang.

Ce que voyant, le chef de Munster, à la fin, leva les bras au ciel et déclara à ceux de Connaught :

— C'est bon. Je vous cède la victoire cette fois-ci… Mais nous prendrons notre revanche en jouant contre vous, la nuit de Beltaine*.

Les deux équipes allaient partir, quand le fantôme interpella les chefs :

— Pas si vite. Sans la présence de cet homme vivant, que j'ai pris la peine de vous amener, vous n'auriez pas pu jouer. Payez-le.

— C'est juste, dit le chef de Connaught et il donna à Pâidîn une bourse pleine de pièces d'or.

Le chef de Munster ne voulut pas être en reste et se dépêcha d'en faire autant. Puis ils rassemblèrent leurs équipes et disparurent en un clin d'œil.

— Te voilà riche maintenant, dit le fantôme à Pâidîn. Est-ce que tu désires autre chose ?

— Oh oui… Ma fille est aveugle. Je voudrais lui rendre la vue.

— Si tu suis mes instructions, dès demain elle verra clair.

Il expliqua à Pâidîn ce qu'il devait faire. Puis il ajouta :

* Beltaine : autre grande fête celtique, au début de la saison chaude, fête de la lumière.

— Surtout ne parle à personne de ce que je viens de te confier, sinon ta fille redeviendra aveugle. Eh bien, il est temps maintenant d'aller chez moi. Viens.

Il saisit Pâidîn des deux mains, le jeta comme un sac par-dessus son épaule et sauta d'un arbre à l'autre avec son fardeau. Quand ils arrivèrent au cimetière où ils s'étaient rencontrés, le fantôme posa doucement Pâidîn à terre, puis il se dirigea vers un arbre plus grand que les autres. Il l'empoigna, le souleva suffisamment pour que lui-même et son compagnon puisssent se faufiler par l'ouverture ainsi formée. Après avoir refermé l'arbre derrière lui, toujours suivi de Pâidîn, le fantôme descendit un escalier qui le menait à une large porte. Il l'ouvrit et tous deux entrèrent.

Ils se trouvaient dans une grande salle où se pressait une foule de gens. Parmi eux, Pâidîn reconnut des voisins, des amis, des parents, tous morts depuis des années. Quelques-uns s'approchèrent de lui pour lui souhaiter la bienvenue.

— Y a-t-il longtemps que tu es mort ? Comment cela s'est-il passé ?

— Mais je ne suis pas mort du tout s'exclama Pâidîn.

— Tu plaisantes ! protesta l'un d'entre eux. Si tu étais encore en vie, pourquoi serais-tu parmi nous ?

Le fantôme intervint.

— Homme vivant, n'écoute pas ces gens-là ! Ils n'y comprennent rien. Tu as encore devant toi une longue existence heureuse. Viens, nous repartons. Je te conduirai chez toi. Mais avant, je veux te faire deux cadeaux... Tu vois ce petit pot ? Il suffit que tu frappes trois fois sur sa paroi et que tu prononces la formule : « Nourriture et boisson et gens de service », pour que tu obtiennes tout ce que tu voudras. Et ce sifflet, tu le vois ?... Souffle dedans si tu es en difficulté et tu seras secouru. Mais surtout, surtout, garde bien pour toi le pot et le sifflet, ne les donne jamais et ne parle de ce que tu as vu cette nuit à personne.

Pâidîn arriva chez lui au petit matin.

— C'est à cette heure-ci que tu rentres, gronda sa femme. Maudit flâneur, j'ai bien cru que tu ne reviendrais pas...

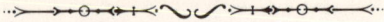

— Je n'ai pas flâné pour rien, répondit Pâidîn. Regarde ce que je rapporte.

Il posa sur la table le petit pot. Puis il prononça la formule « Nourriture et boisson » sans ajouter « gens de service ». Il pensait que dans sa pauvre maison les gens de service n'étaient pas nécessaires. Cependant, il ne se passa rien, car Paîdin avait oublié de frapper trois fois sur la paroi du pot. Il s'en souvint tout à coup et recommença l'opération sans se tromper. Alors deux belles jeunes femmes sortirent du pot, mirent la table, la couvrirent de plats appétissants et de flacons. Pâidîn, sa femme et sa fille se régalèrent, ils se croyaient à la table du roi. Quand ils eurent fini, les jeunes femmes rangèrent la vaisselle dans le pot, après quoi elles sautèrent dedans, Pâidîn posa le couvercle dessus et la maison reprit son calme habituel.

— Ce n'est pas tout, dit Pâidîn à sa femme, à présent je vais rendre la vue à notre fille. Mais ne me demande pas comment je vais m'y prendre, car je ne peux pas te le dire.

— Tu te moques de moi ? Elle est aveugle de naissance.

— Tu vas voir…

Pâidîn comptait suivre à la lettre les instructions du fantôme. Donc il alla au cimetière sur la tombe de sa mère, ombragée par un buisson épineux. Il arracha une épine, rentra à la maison, s'approcha de sa fille et lui enfonça l'épine dans la nuque.

— J'y vois… j'y vois ! cria Nora Dall, émerveillée.

— Ah ! mon Pâidîn, j'ai eu tort de me plaindre de toi… Tu es le meilleur des hommes, reconnut sa femme.

Ils auraient dû couler des jours heureux, mais les gens du village devinrent jaloux de leur bonheur et de leur soudaine richesse. « Ces trois-là sont en relation avec le Petit Peuple, disaient-ils. Et Pâidîn n'est autre qu'un fearsidh et un lorgadân, c'est-à-dire un homme-fée et un lutin à jambes de lièvre. Lui et sa famille ne méritent pas de vivre. Nous allons les tuer et nous brûlerons leur maison. »

Heureusement que le beau-frère de Pâidîn avait entendu parler du complot. Il put le prévenir à temps.

Pâidîn se souvint du sifflet magique, souffla dedans et entendit une voix murmurer à

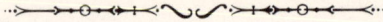

son oreille :

— Va dans ton jardin, au pied du mur de la grange. Tu y trouveras des herbes. Arrache-les et manges-en autant que tu pourras. Donnes-en aussi à ta femme et à ta fille. Alors chacun de vous sera aussi fort qu'une armée.

Quand les gens du village encerclèrent la maison, avec des fourches, avec des pioches, avec des torches, Pâidîn essaya d'abord de les raisonner. Ce fut peine perdue. Alors il saisit un maillet, sa femme un manche de bêche et Nora une cuillère en bois et, à eux trois, ils firent des villageois un massacre terrible. Plus de la moitié d'entre eux restèrent étendus sur le sol.

À partir de ce moment, Pâidîn et les siens purent vivre en paix. Ils auraient vécu de la sorte jusqu'à la fin de leurs jours, s'ils avaient été aussi sages qu'ils étaient riches et heureux.

Mais la femme de Pâidîn ne put s'empêcher de causer avec ses voisines et de vanter les mérites extraordinaires du pot. Cela fit le tour du village et parvint jusqu'aux oreilles du seigneur des lieux, celui auquel appartenaient les terres. Il fit venir Pâidîn.

— Je reçois mes amis et je veux leur offrir un banquet. Tu vas me prêter ton pot… On verra s'il est aussi prodigieux qu'on le prétend.

Voilà Pâidîn bien ennuyé. D'un côté, s'il prêtait son pot, le fantôme mettrait peut-être ses menaces à exécution. D'un autre côté, s'il ne prêtait pas son pot, le seigneur serait furieux et le chasserait de sa terre.

Entre deux maux, il faut choisir le moindre, pensa Pâidîn. Le fantôme lui apparaissait lointain et même un peu irréel. La colère du seigneur, elle, était certaine et redoutable.

Pâidîn prêta donc son pot au seigneur, à condition de pouvoir assister au festin.

— Il faut que je sois là, car le pot n'obéit qu'à moi, déclara-t-il.

— J'y consens, répondit le seigneur, mais tâche d'être convenablement habillé.

Pâidîn s'acheta des habits neufs et il était si beau, ainsi vêtu, que sa femme et sa fille eurent du mal à le reconnaître et l'admirèrent de tout leur cœur.

Une fois dans la salle du festin, Pâidîn frappa sur son petit pot et récita la formule complète : « Nourriture et boisson et gens de service. »

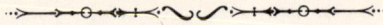

Cette fois, six jeunes femmes sortirent du pot, dressèrent une table somptueuse, couverte de mets recherchés et de flacons de vins rares. Le seigneur était content. Lui et ses invités mangèrent et burent sans retenue et Pâidîn en fit autant, ébloui d'être en si noble compagnie.

Ils étaient tous tellement saoûls qu'ils s'endormirent d'un sommeil lourd.

Quand ils s'éveillèrent, le lendemain matin, la pluie tombait sur leur tête. Le toit avait disparu. Disparus aussi le petit pot, le sifflet et les bourses pleines d'or dont Pâidîn ne se séparait jamais.

Un envoyé du Petit Peuple, un lorgadân probablement, était venu dans la nuit et avait tout emporté. Pâidîn redevint aussi pauvre qu'avant. Et sa fille redevint aveugle.

Il n'avait pas su garder un secret, il avait pris à la légère les paroles du fantôme de l'arbre et le malheur était tombé sur lui.

Il faut toujours croire ce que disent les fantômes.

3. L'Ankou et les Lavandières de nuit

CONTE DE BRETAGNE

Wilherm Postik était un méchant gars sans foi ni loi, il ne croyait en rien, n'écoutait personne, surtout pas le curé de son village, n'avait peur ni du Bon Dieu, ni des revenants, ni de l'Ange noir – c'est ainsi que les gens du pays de Léon appellent le diable. Wilherm Postik ne craignait que la soif et les filles laides.

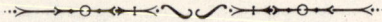

Il n'avait guère que vingt-quatre ans quand il perdit, dans la même année, sa mère, sa sœur et sa jeune femme. Un autre se serait désolé. Mais peu lui importait! Cela lui permettait d'hériter et de courir les auberges et les filles, sans risquer de recevoir des reproches.

Quand approcha le Mois noir, avec la Messagère de l'hiver – en d'autres mots, le mois de novembre et la Toussaint –, Wilherm ne fit dire aucune messe pour ses défunts, ne leur alluma aucun cierge, ne revêtit pas ses habits de deuil pour leur rendre visite au cimetière. Non! au contraire, il partit dans le bourg voisin s'amuser avec de joyeux compagnons et boire plus que de raison. Il sortit le dernier du cabaret et s'en retourna chez lui, à travers la campagne, dans la nuit sans lune.

Notre gars marchait d'un bon pas en chantant des chansons gaillardes et ses galoches résonnaient gaiement sur les cailloux. Il faisait tournoyer son bâton, sans craindre de heurter les âmes, amassées le long des talus: en Bretagne, la nuit de la Toussaint, les morts reviennent visiter les vivants et,

bien qu'invisibles, ils remplissent les maisons et les chemins.

Wilherm parvint à un carrefour : deux routes s'offraient à lui, toutes deux conduisant à son village. La plus longue était sous la protection de Dieu. On disait la plus courte hantée par des spectres. Le jeune homme ignorait la peur. Il choisit la plus courte.

Il continua du même pas sonore et, pendant un certain temps, ce fut le seul bruit dans le silence de la nuit.

Mais comme il passait près d'un château délabré, la girouette se mit à grincer : « Retourne, retourne, retourne ! » Wilherm poursuivit son chemin.

Un peu plus loin, l'eau de la rivière murmura d'une voix cristalline : « Ne passe pas, ne passe pas, ne passe pas ! » Wilherm posa ses pieds sur des pierres et franchit la rivière à gué.

De l'autre côté, les branches d'un chêne, agitées par un vent soudain, chuchotèrent : « Reste ici, reste ici, reste ici ! » Wilherm frappa l'arbre de son bâton et marcha plus vite.

Les douze coups de minuit sonnèrent au loin. Le gars commença à siffloter. Ce fut alors

qu'il entendit le grincement caractéristique d'une charrette non ferrée qui se rapprochait de lui. Il se retourna. Elle était couverte d'un drap noir à larmes d'argent et tirée par six chevaux noirs. Un fantôme la conduisait, un fouet de fer à la main. C'était le spectre de la Mort, l'Ankou, et sa charrette. Il criait :

— Détourne ou je me retourne ! Détourne ou je me retourne !

Wilherm Postik obéit et se rangea sur le bas-côté. Pourtant, sans se démonter, il demanda :

— Que fais-tu ici, Monsieur de la Pâle Figure ?

— Je prends et je surprends.

— Tu es donc un voleur, un traître ?

— Je suis le frappeur sans regard et sans égard.

— Tu es un sot et un brutal ! Et où vas-tu à cette heure ? Tu as l'air pressé…

— Je vais chercher Wilherm Postik.

Le jeune homme éclata de rire et reprit son chemin.

Quelque temps après, à côté du lavoir, il vit deux silhouettes blanches étendre du linge

sur les haies. Il reconnut des formes fémi-
nines.

— Hé là ! mes petites colombes ! Vous n'avez
pas peur du noir pour travailler aussi tard ?

— Nous lavons, nous séchons, nous cou-
sons, répondirent ensemble les deux femmes.

— Et qu'est-ce que vous lavez, séchez et
cousez ?

— Le linceul du mort qui parle et qui
marche.

— Et qui est ce mort ?

— C'est Wilherm Postik.

Le gars rit plus fort que la fois précédente
et continua sa route. Il avait à peine fait
quelques pas qu'il entendit distinctement des
chocs sourds et rythmés, comme ceux des bat-
toirs sur le linge, et bientôt, au détour du chemin, il vit les Lavandières de nuit. Elles lavaient
leurs draps en chantant plaintivement :

Sous la neige et dans le vent,
Lavons notre linceul blanc.
Jamais ne pourrons revivre
À moins qu'on ne nous délivre.
Toujours nous devrons laver
Le linceul des trépassés.

Quand elles aperçurent le jeune homme, elles accoururent toutes en criant et lui tendirent leurs draps pour qu'il les torde avec elles.

— Je veux bien vous rendre ce petit service, dit-il sans trop se faire prier. Mais une seule à la fois, mesdames, s'il vous plaît… Un homme n'a que deux bras.

Il posa son bâton à terre et saisit le bout du linceul que tenait une des lavandières. Il prit bien soin de tordre le linge dans le même sens qu'elle, car il avait appris des vieux de son village que c'était l'unique manière d'échapper au danger.

Mais pendant qu'il tordait le drap surgirent d'autres lavandières que Wilherm Postik n'avait pas remarquées jusque-là. Elles ressemblaient à sa mère, à sa sœur, à son épouse mortes. Elles se lamentaient en le regardant :

— Mille malheurs à celui qui laisse sans prières ses parents défunts… Mille malheurs à celui qui laisse…

Le chœur des lavandières reprenait : «Mille malheurs ! Mille malheurs ! » et leurs voix emplissaient la vallée.

Cette fois, Wilherm fut touché et, dans son

trouble, il oublia toute précaution. Il se mit à tordre le linge dans le sens opposé à celui de la lavandière.

Aussitôt, le linceul devenu de fer lui broya les deux mains et il tomba, mort, sur le sol.

Le lendemain matin, une fillette, qui allait chercher du lait, découvrit son corps à côté du lavoir et alla prévenir les gens du village. Il fut emmené dans un char à bœufs. Selon la coutume, on plaça des cierges de chaque côté de son cadavre. Personne ne réussit à les allumer.

Alors, chacun comprit que Wilherm Postik était damné. Il ne fut pas conduit au cimetière, mais enterré sous un échalier, une simple barrière dans les champs. Aucun chrétien n'y va prier. Seuls s'y arrêtent les chiens et les ivrognes.

4. L'ivrogne et le squelette

CONTE D'ESPAGNE

Juan était connu pour son ivrognerie dans tout le village. Et plus d'un villageois plaignait sa femme, la pauvre Maria.

Quand il avait bu, il ne connaissait plus ni dieu ni diable, ne respectait personne, faisait n'importe quoi.

Un soir de beuverie, il sortit de l'auberge avec deux compagnons. Ils avançaient en zig-

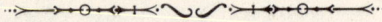

zaguant et en poussant de grands éclats de rire.

C'était le soir de la Toussaint. Vous savez qu'à cette époque de l'année, tous les chrétiens pensent à leurs parents défunts et prient pour eux.

En Andalousie, dans les cimetières, se trouve toujours un ossuaire, c'est-à-dire une chapelle dans laquelle sont conservés les ossements des gens morts depuis longtemps. Là sont entassés tous les os qui composent un squelette, souvent disloqués, les tibias d'un côté, les côtes de l'autre et les crânes à part. Le soir de la Toussaint, près de l'ossuaire, on dresse une table. On y aligne des crânes. Les gens qui viennent dans le cimetière pour honorer leurs défunts s'inclinent tous devant cette table.

Ce soir-là, nos trois ivrognes arrivèrent en chancelant devant le cimetière.

— Si l'on entrait? dit l'un.

— Pour faire une blague, dit l'autre.

Et le troisième, le plus hardi, qui était Juan, s'adressa en riant à l'un des crânes sur la table:

— Hé toi, le tondu! Je t'invite à ma table

à moi! Viens dîner à la maison, si tu es capable de bouger…

Puis, ayant ri tout leur content, les trois hommes se séparèrent et chacun rentra chez soi.

Juan ronflait à côté de sa femme, dans le grenier qui leur servait de chambre à coucher. Voilà qu'au milieu de la nuit, il se réveilla en sursaut : il avait entendu frapper à sa porte. Il secoua sa femme :

— Maria! Maria! Tu entends…

À ce moment, une voix cria distinctement en bas, devant la maison :

— Ouvre! Je suis ton invité.

— Comment, dit Juan à Maria, tu as invité quelqu'un?… Sans me le dire… Et il arrive à cette heure-ci?

— Je n'ai invité personne. C'est plutôt toi.

— Moi! Bien sûr que non… Alors… qui est-ce? Vas-y, descends. Va ouvrir.

— Non, c'est toi l'homme… C'est à toi de descendre et de voir qui est là.

— Bon… bon… J'y vais.

Quand Juan ouvrit la porte, un squelette se présenta. Sans doute était-il parvenu à ras-

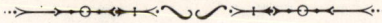

sembler tous ses os, y compris le crâne, car il paraissait complet.

— Je suis celui que tu as invité ce soir, déclara-t-il.

— Ah… ah… en… entre, bredouilla Juan, qui n'en menait pas large. Maria ! Maria ! Arrive ! Donne-lui à manger, ce que tu trouveras.

Maria descendit du grenier par l'échelle et s'empressa de servir le squelette, non sans faire de nombreux signes de croix.

Les paysans n'étaient pas riches en ce temps-là. Ils se nourrissaient de pommes de terre et de marrons.

Maria donna au mort une grande écuelle de purée épaisse – à laquelle il ne toucha pas : les morts ne mangent pas.

Au bout d'un moment, il se leva et dit à Juan :

— C'est à mon tour de t'inviter. Viens demain, à la même heure, je t'attendrai à l'endroit où tu m'as trouvé.

Dès qu'il fut parti, Juan raconta à sa femme ce qui s'était passé au cimetière.

— J'avais bu. J'ai eu tort. J'ai honte de ma

conduite. Crois-tu que je doive obéir au squelette ?

— Ce n'est pas à moi que tu dois te confes-
ser, mais au curé. Demain, nous irons le
voir.

Le curé conseilla à Juan de se rendre au
rendez-vous fixé par le mort. Il ajouta :

— Mais par mesure de précaution, prends
une croix avec toi. N'oublie pas.

Le lendemain, au milieu de la nuit, Juan,
une croix à la main, partit au cimetière. Cette
fois, il n'avait pas bu et il ne faisait pas le fier.

Le squelette l'attendait derrière la grille et
le conduisit à la table, à côté de l'ossuaire,
en lui disant :

— Je n'ai pas pu manger chez toi, tu ne
mangeras rien chez moi. Sans ce que tu portes
à la main, tu ne sortirais pas d'ici... Mais tu
es protégé... Maintenant tu sauras qu'il faut
respecter les morts et ne jamais se moquer
d'eux. Tu peux t'en aller.

Juan partit sans demander son reste. Il
crut qu'il s'en tirerait à bon compte. Il allait
à nouveau pouvoir rire et chanter. Mais il ne
boirait plus jamais, promis, juré, d'autant plus

qu'il avait l'estomac barbouillé. Il se sentait glacé jusqu'aux os.

Le lendemain, il fut malade.

Le jour suivant, le squelette revint pour le prendre et, cette fois, Juan mourut.

Sorcières, fantômes,
revenants et vampires

Pas d'Halloween digne de ce nom sans sorcières, fantômes, revenants ni vampires. Mais attention ! Bien qu'ils soient les héros des récits suivants, ils n'en sont pas pour autant de simples personnages de fiction.

La vie de Madgy Figgy nous est partiellement connue grâce à une étude bien documentée sur la sorcellerie en Cornouailles. Madgy Figgy, qui pratiquait la magie blanche et noire, avait épousé un naufrageur et avait ainsi amassé une véritable fortune.

L'annonce que Mrs Ward fait passer pour vendre son presbytère, «avec un grand choix de fantômes amicaux», a bel et bien été publiée par de très sérieux journaux anglais en 1953.

Quant au «fiancé-vampire», c'est sans doute un lointain descendant d'un certain Vlad Dracula, prince roumain guerrier et sanguinaire qui a vécu au XVe siècle. La légende s'est emparée de cette figure historique pour en faire le comte Dracula... qui, lui, n'a jamais existé, mais dont vous avez sûrement entendu parler...

Tout ceci pour vous dire que, si les histoires que vous allez lire sont en partie inventées, elles n'en sont pas moins vraies, par certains côtés.

5. Madgy Figgy, sorcière en Cornouailles

RÉCIT

La Cornouailles est une contrée sauvage, hérissée de rocs battus par les vents, à l'extrême pointe de la Grande-Bretagne. C'est le pays du bout du monde et c'est aussi la patrie des sorcières. Madgy Figgy, du village de Raftra, est la plus célèbre de toutes, experte en magie blanche et noire et femme d'affaires, comme je vais vous le conter.

À seize ans, Madgy avait déjà le nez crochu et trois poils au menton. Mais grâce à ses yeux de malice, à son teint lisse, à sa taille souple qui pliait volontiers dans les bras des garçons, elle passait pour jolie fille. Et bien qu'ayant, depuis son plus jeune âge, la réputation d'être sorcière, elle n'effrayait pas les galants. Sauf un, le seul à qui elle aurait voulu plaire, John Knill, le fils d'un fermier du village.

Lui, il ne levait jamais le regard sur elle. Elle avait beau user de ses charmes, préparer en cachette pour lui potions et talismans, elle n'était encore qu'une apprentie sorcière : John n'avait d'yeux que pour ses vaches. Ce qui donna une idée à la belle.

L'une des bêtes, justement la plus grasse du troupeau, vint à tomber malade – comme par hasard. Elle maigrissait, ne donnait plus de lait.

Madgy Figgy attendit que les parents se soient éloignés sur la lande pour proposer ses services au garçon.

— Avant tout, lui dit-elle, je dois savoir si l'animal n'a pas été ensorcelé..

Comme vous vous en doutez, c'était pratique courante dans la région.

Elle recueillit quelques gouttes du sang de la bête, les versa sur de la paille qu'elle enflamma. Une fumée âcre s'en dégagea, que la jeune fille observa avec soin. Dans ses volutes, elle prétendit voir le visage de l'ensorceleuse, dont elle refusa de donner le nom.

— Si tu veux, dit-elle à John, puisque ta vache est victime d'un charme, je vais fabriquer un contrecharme. Mais n'oublie pas de suspendre un fer à cheval au-dessus de ta porte. Cela t'évitera d'autres malheurs.

Madgy tressa une couronne de feuillages, genêt, ronces et frêne, qu'elle passa au cou de la vache. Aussitôt celle-ci, prostrée sur la paille, se dressa sur ses pattes, le pis gonflé de lait.

Le jeune homme reconnaissant demanda à Madgy Figgy ce qu'elle voulait pour récompense.

— Je veux ton cœur, répondit-elle hardiment.

John la regarda, effaré, puis détourna le visage.

— Je plaisantais, affirma-t-elle. Donne-moi seulement un peu d'argent. Ma mère en a besoin.

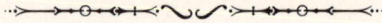

Ainsi, la ruse de Madgy n'avait servi à rien. Elle avait bien réussi à rendre la vache malade, pour avoir un prétexte afin d'approcher John, elle avait même réussi à guérir la bête. Elle n'avait pas su éveiller l'amour du garçon. Elle n'était pas encore assez savante. Dans l'art de la sorcellerie, elle n'avait obtenu que le premier degré.

Pour cela, elle n'avait rien négligé, elle était allée sur la côte, non loin du village de Raftra, là où s'entassent au-dessus de la mer un amas de roches formidables, dominées par le Logan Rock. C'est la plus grande des pierres-qui-virent de la région. Elle est, dit-on, si mal équilibrée sur son socle de granit qu'il suffit de la pousser du doigt pour la faire tomber. Madgy avait grimpé, neuf fois de suite, sur la paroi glissante sans l'ébranler – c'est la première des épreuves à subir quand on veut devenir sorcière.

Cela n'avait pas suffi pour ébranler le cœur de John. À présent, si elle voulait pratiquer la magie d'une manière plus efficace, elle devait s'adresser au Maître en personne, c'est-à-dire au Diable. Pour obtenir ce qu'elle

voulait, elle était prête à tout, et d'abord à se rendre au sabbat.

Elle demanda conseil à sa mère, car on était, dans la famille, sorcière de mère en fille. Elle fit donc mijoter un mélange d'aconit, d'ellébore, de belladone et de ciguë, toutes plantes vénéneuses, auquel elle ajouta de la poudre d'os et du sang de chauve-souris, et elle s'en frotta le corps.

Elle s'était également munie d'une longue tige de jacobée, une mauvaise herbe à fleurs jaunes, redoutée des paysans lorsqu'elle envahit leurs champs. Apprenez qu'en Cornouailles, la jacobée sert de monture aux sorcières. En effet, ces dames se veulent originales et ne chevauchent pas de balais.

La nuit était claire et scintillante au-dessus des ajoncs et des rochers, lorsque Madgy et sa mère s'envolèrent. Elles se dirigeaient vers la lande où se tenait le rassemblement. Sur leur passage, des paysans se réveillèrent en entendant comme un bruit d'ailes lourdes qui égratignaient le toit. Ils grommelaient : « Qu'est-ce que c'est que ces oiseaux à cette heure... Ah mais c'est vrai, nous sommes à la Saint-Jean d'été, il est minuit, l'heure du

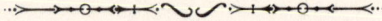

sabbat ! » et ils se rendormaient sans crainte, tant, à cette saison, la chose était habituelle.

Quand Madgy Figgy arriva sur le lieu du sabbat, le Malin était déjà là. Il avait revêtu la forme d'une divinité païenne, mi-homme, mi-bête, et il présidait l'assemblée. Madgy avait beau avoir déjà une certaine expérience de la sorcellerie, elle fut impressionnée. C'était la première fois qu'elle voyait le Maître et toutes celles qui l'entouraient.

Pensez donc ! Il y avait au rendez-vous toutes les célébrités locales : la vieille Molly de Kenidjack, Betty de Sainte-Buryan, la sorcière de Fraddam et toutes celles de Saint-Levan. Elles étaient accompagnées de leurs animaux familiers, chats noirs, corbeaux, crapauds, araignées. Cela faisait une foule étrange et Madgy ouvrait de grands yeux.

Après avoir échangé bavardages méchants, recettes de brouets infâmes, blasphèmes et malédictions, les sorcières allumèrent un feu. Des branches de cyprès, d'aulne et de laurier donnèrent une fumée épaisse et odorante. Madgy se mit à tousser, on la fit taire. Et dans un silence absolu, chacune des femmes présentes rendit compte au Diable des méfaits

qu'elle avait accomplis depuis la dernière assemblée : dégâts causés par la tempête, moissons gâtées, bétail perdu ou estropié, paix des ménages détruite, mésentente entre les enfants, et la liste n'est pas terminée. On applaudit. Madgy Figgy admirait ces sorcières si savantes et elle se jura de les surpasser un jour.

Le Maître félicita ses servantes et leur donna de nouvelles tâches. Elles lui présentèrent alors les novices qui souhaitaient se dédier à Son Service. Madgy sentit son cœur battre et s'avança avec les autres jeunes filles. Elles devaient se tenir une main posée sur la tête, l'autre sous la plante du pied et, dans cette position incommode, elles prêtèrent serment au Démon. C'en était fait : Madgy Figgy était sorcière à part entière.

Ensuite, on sacrifia un chevreau noir pour s'asperger de son sang. Tandis que le feu se consumait, que le Diable ricanait, que les chats, les crapauds, les corbeaux miaulaient, coassaient, croassaient, les mégères se déchaînèrent, tournèrent, tourbillonnèrent, glapirent des incantations. Madgy Figgy

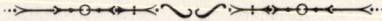

s'était mise à la tête de la farandole endiablée.

Quand, à l'est, le ciel devint transparent et
que les étoiles commencèrent à s'éteindre, les
sorcières, toutes à la fois, Madgy la première,
se précipitèrent sur leurs tiges de jacobée.
Elles s'envolèrent, avec leurs crapauds, leurs
corbeaux, leurs chats et leurs araignées. Elles
ne retournaient pas chez elles, elles se rendaient au Pays de Galles, pour y téter le lait
des vaches et y voler des poireaux, selon la
tradition de Cornouailles.

À partir de cette nuit de la Saint-Jean, les
progrès de Madgy Figgy furent considérables
dans la profession de sorcière. Elle avait
jusque-là surtout pratiqué la magie blanche,
fait engraisser des cochons maigres, pondre
des œufs à de vieilles poules, soigné des
chèvres malades et désensorcelé des étables.
Depuis sa mésaventure avec John Knill,
qu'elle n'avait pas réussi à rendre amoureux
d'elle, elle avait préféré exercer son art sur
les animaux plutôt que sur les humains. Mais
après sa rencontre avec le Diable en personne,
elle eut d'autres ambitions. D'ailleurs, elle

n'aimait plus John Knill : elle le trouvait trop sot et il sentait la vache.

Le Malin avait ordonné à Madgy d'aller, avec quelques commères, vendre des vents sur le port. Il n'était pas rare, à cette époque, de voir, assises sur un banc, un groupe de vieilles édentées agitant dans leurs poings des cordelettes à trois nœuds. Elles les vendaient aux marins. Si, par grand calme sur la mer, ils défaisaient le premier nœud, une gentille brise se levait et leur permettait d'avancer. Quand ils voulaient aller plus vite, ils desserraient le second nœud et le bateau filait, toutes voiles tendues. Quant au troisième nœud, mieux valait ne pas y toucher, ou alors à l'abri d'un port. Car la tempête qu'il provoquait jetait irrémédiablement vaisseau et matelots contre les falaises.

Les cordelettes magiques étaient fort appréciées et les sorcières en tiraient un bon prix. Celle qui gagnait le plus d'argent dans l'affaire, c'était notre Madgy Figgy. Plus jeune et moins laide que les autres, elle plaisait aux hommes. Ils faisaient la queue devant elle pour acheter sa marchandise et lui débiter

des douceurs. Voilà comment Madgy rencontra son premier mari.

Sam Drinkewater – tel était son nom – était un bien brave pêcheur. Il ne manquait jamais, après un bon coup de filet, de laisser quelques poissons sur le rivage pour remercier le bucca – lequel est un esprit de l'eau, à peau de cuir, à cheveux d'algues, qui protège les gens de mer. Sam, n'étant ni très malin ni très riche, se réjouissait à l'idée d'épouser une femme capable de gagner sa vie.

Madgy était montée en grade. Non seulement potions, philtres et talismans n'avaient plus de secrets pour elle, mais, laissant libre cours à son esprit malveillant, elle pratiquait à présent la magie noire. Elle savait jeter des sorts sur les gens comme sur les bêtes, faire naître les mauvais sentiments encore mieux que vent, brouillard ou grêle, semer le trouble ou la tempête. On la craignait, on la consultait et sa bourse se remplissait. Intelligente et autoritaire, elle avait pris la direction des affaires à Sainte-Buryan et à Saint-Levan, deux villages non loin de Raftra, où les sorcières pullulaient comme des moustiques sur

les étangs. Au sabbat, assise juste à côté du Maître, elle était devenue la reine.

Madgy ne tarda pas à trouver trop simplet son brave Sam Drinkewater. Le malheureux portait un nom qui ne lui convenait pas : *drinkewater* en anglais signifie «boit de l'eau», or il n'aimait que le rhum. Un soir qu'il partait à la pêche, il en avait bu un peu trop. Comme d'habitude, il avait emporté la cordelette enchantée qui lui permettait de dominer les vents. Il s'embrouilla dans les nœuds et défit le troisième. La rafale fut si forte qu'elle fracassa le bateau et le matelot avec, directement sur les roches. Sans même avoir eu besoin d'intervenir, Madgy Figgy était devenue veuve.

Il lui fallait trouver un nouveau compagnon, un homme à sa mesure. Elle décida que ce serait George Mepowder qui, par son regard d'aigle, sa force et sa souplesse, se faisait aimer des femmes. La sorcière n'était plus jeune : nez crochu, menton poilu, chevelure en broussaille, elle n'attirait plus les regards. Mais elle savait comment gagner le cœur du beau George.

Celui-ci était naufrageur. Caché dans les

falaises avec ses compagnons, il guettait les bateaux en perdition – ce qui est fréquent le long des côtes de Cornouailles. Dès que le vaisseau sombrait, il descendait à toute vitesse parmi les roches, au risque de se rompre le cou. Il se jetait à l'eau et, la hache à la main, attaquait l'épave, la démantelait, emportait le plus de butin qu'il pouvait, tonneaux de vin, alcools, pièces de tissu, bois précieux, vaisselle… Les matelots naufragés, eux, ne tardaient pas à être dépouillés, encore heureux quand ils avaient la vie sauve.

George Mepowder trouvait le temps long entre deux naufrages et ses poches étaient toujours vides, car il était dépensier. Madgy Figgy savait comment provoquer la tempête : c'est facile, quand on est sorcière, il suffit de souffler sur un bol rempli d'eau. Elle s'arrangea pour que George le sache.

Il la consulta plusieurs fois. Elle faisait payer très cher ses services. Il trouva plus simple de l'épouser. Ils formèrent un couple harmonieux.

À cette époque, on pouvait voir Madgy Figgy en haut des falaises, perchée sur un roc, les cheveux au vent, chantant des formules

magiques pour amener un riche vaisseau à la côte. Elle savait qu'en bas, dissimulé dans la crique, son mari attendait le naufrage pour pouvoir arrondir sa bourse.

Madgy Figgy de Raftra, sorcière en Cornouailles, mourut respectée et fort riche.

6. Les fantômes de Mrs Ward

❋

RÉCIT

En ce beau jour de mai, les fantômes du presbytère furent bien étonnés. Depuis le temps qu'ils hantaient paisiblement cette grande bâtisse vide, ils avaient fini par croire qu'elle leur appartenait. Et voilà qu'elle venait d'être achetée pour une bouchée de pain par Herbert Ward, le nouveau pasteur du vil-

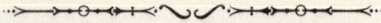

lage ! Il prétendait s'y installer avec sa jeune femme.

L'histoire de ce presbytère était longue et mouvementée. Sans doute avait-il été habité surtout par des humains, mais chaque siècle avait fourni son lot de fantômes.

Les premiers avaient été des moines, enterrés dans le cloître, car le bâtiment alors était un couvent. Il était ensuite devenu auberge et relais pour les voitures à cheval. Cinq joyeux garçons, passablement ivres, avaient laissé leurs chevaux s'emballer et leur carrosse avait versé, un jour, à deux pas de la porte. Désormais, le carrosse apparaissait tous les 15 septembre, date anniversaire de l'accident. À la fin du XVIIIe siècle, une dame distinguée avait acheté l'auberge, fermée depuis quelque temps. Elle s'était passionnée pour le jardin. Elle s'était éteinte doucement et revenait visiter les lieux qu'elle avait aimés. Elle avait légué la propriété à son neveu, qui était pasteur – ce qui explique qu'on ait désigné la maison sous le nom de presbytère.

Le neveu était ambitieux et ne resta pas plus de quelques mois dans ce presbytère perdu dans la campagne. Puis il l'abandonna

aux fantômes. Depuis une centaine d'années, ceux-ci y avaient pris leurs habitudes.

À leur troupe déjà importante s'était adjoint un gamin effronté, Tom, le plus jeune d'entre eux – il n'avait guère que cent ans. Il était malencontreusement tombé sur une pierre en escaladant le mur, dans l'espoir de trouver quelque chose à voler. Les autres spectres avaient rapidement mis le garnement au pas. C'étaient dans l'ensemble des spectres aimables, sans la panoplie habituelle de chaînes, de cercueils et de couteaux sanglants, destinés à faire peur aux gens. D'ailleurs, les villageois, en bons Anglais qu'ils étaient, admettaient fort bien leur présence dans une demeure désertée par les hommes. Chacun chez soi et tout le monde était content.

Aussi, quand le pasteur Ward et sa femme arrivèrent avec leurs deux chiens, leurs trois chats, leurs quatre malles plus quelques meubles, les fantômes furent-ils contrariés. On leur prenait leur presbytère. L'aspect rigide d'Herbert Ward et la vivacité bavarde d'Emily inquiétaient certains d'entre eux... Ils n'allaient pas se laisser faire.

Les moines, qui avaient été les premiers

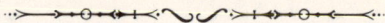

occupants des lieux, prirent l'initiative de réunir leurs compagnons. Laissant les Ward emménager, les spectres se retrouvèrent dans le vaste grenier.

Ils avaient tous répondu à l'appel, même ceux qui, d'ordinaire, ne se manifestaient qu'à l'anniversaire de leur mort. Il y avait là six moines, le grand, le gros et quatre de moindre importance, cinq joyeux garçons portant perruque et chapeau à plumes, entassés dans un carrosse, une dame distinguée et Tom, le gamin effronté. Treize spectres en tout – treize, chiffre fatidique – sans compter les chevaux qui tiraient le carrosse et le corbeau apprivoisé, perché sur l'épaule de Tom. Cela faisait beaucoup de monde, mais les spectres occupent moins de place que les vivants, c'est bien connu.

La discussion fut animée, tous n'étant pas du même avis. Les moines, qui se considéraient comme les véritables propriétaires, avaient la ferme intention de se débarrasser des Ward. Tous les moyens seraient bons, bruits incongrus, déplacements d'objets, farces, apparitions. On commencerait le jour

même. Tom, le gamin, déclara qu'il se char-
geait des farces, c'était sa spécialité.

— J'aimerais mieux attendre… Je voudrais
voir… interrompit la dame distinguée.

— Voir quoi ?… Attendre, pourquoi ?
demanda sévèrement le grand moine.

— Je ne sais pas, avoua la dame. Je trouve…
au pasteur… un air distingué.

— Nous ne voulons aucun mal à Emily, pro-
clamèrent les joyeux garçons. Elle est blonde…

— Elle sourit…

— Elle est grassouillette…

— Elle resssemble tout à fait à ma sœur…

— À ma cousine…

— À la femme que j'ai aimée…

— C'est une personne remarquable.

Impossible, dans ces conditions, de prendre
une résolution commune. Chacun agirait à sa
guise.

Sans se douter de tout cela, Herbert et
Emily faisaient le tour de la maison. Le pasteur, d'autorité, prit pour lui le premier étage.
Il laissait à sa femme le rez-de-chaussée et le
soin de rendre propre une demeure inoccu-
pée depuis un siècle. Il commença immédiatement à ranger ses livres, un à un, dans un

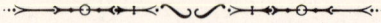

ordre parfait, tout en songeant à son prochain sermon, pendant qu'en bas Mrs Ward s'attaquait aux toiles d'araignées pleines de poussière.

Ils furent vite interrompus par un concert de grondements, gémissements, aboiements, miaulements : leurs deux chiens et leurs trois chats, d'accord pour une fois, se tenaient en arrêt devant l'escalier qui menait aux combles, sous les toits.

Le pasteur, furieux d'être dérangé, distribua des coups de pied aux animaux. Ils se calmèrent. Emily écoutait : il lui semblait avoir entendu un concert identique de plaintes et de grognements dans le grenier.

— Il y a des bêtes là-haut. Je vais voir. Venez-vous avec moi ?

— Je n'entends rien, moi, répondit le pasteur.

L'intrépide Mrs Ward monta seule, chiens et mari ayant refusé de la suivre.

Elle ne trouva rien d'extraordinaire. «Ce sont probablement des rats. Il faudra y mettre les chats. Je retourne à mon nettoyage», conclut-elle. Les fantômes, qui étaient demeu-

rés invisibles à ses yeux, pouffèrent de rire après son départ.

— On nous a pris pour des rats… Qu'est-ce que tu en dis? demanda Tom au corbeau perché sur son épaule. Puisque c'est comme ça, allons-y tout de suite et il s'enfuit.

— C'est nous qui avions raison, déclarèrent les joyeux garçons. Cette femme est remarquable. Il sera difficile de l'effrayer.

— C'est ce que nous verrons, répondirent en chœur les moines, en hochant la tête.

— Nous verrons… nous verrons, répéta la dame distinguée d'un ton vague.

— Eh bien, au revoir! Rendez-vous au 15 septembre.

Les joyeux garçons fouettèrent leurs chevaux et disparurent à travers les murs, tandis qu'à l'étage au-dessous des rugissements éclataient. Le pasteur était en colère.

Il venait de trouver ses livres, qu'il avait si bien rangés, éparpillés sur le sol, ses belles piles écroulées et même des pages arrachées. Tom le farceur était passé par là. Herbert Ward accusa les chats.

— Calmez-vous, je vais vous aider, jeta dans un souffle une voix distinguée et la dame du

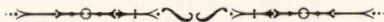

temps passé commença à ramasser les volumes tombés par terre.

Le pasteur, qui ne la voyait ni ne l'entendait, ne comprit pas pourquoi tout à coup ses livres se rangeaient seuls.

— Je dois être fatigué… Milly !… Milly, ma chère, pourriez-vous m'apporter une tasse de thé ?… Avec quelques gouttes de whisky dedans, s'il vous plaît, cela me remettra d'aplomb.

— Je vous l'apporte, Herbert, *darling*, cria la jeune femme de sa cuisine. Attendez une minute que je retrouve mon balai… Je l'avais pourtant en main…

Balai disparu, torchon déplacé, bouilloire renversée, portes et fenêtres qui s'ouvraient d'elles-mêmes, la Bible du pasteur devenue introuvable alors qu'il l'avait posée sur l'étagère… ainsi s'écoula la première journée des Ward dans le presbytère. Le pasteur était grognon, il n'avait pas pu réfléchir à son sermon. Emily Ward gardait sa bonne humeur. Habituée au mouvement, puisque avant son mariage elle avait été modiste à Londres, elle ne redoutait que le calme et les petits désagréments de la journée lui semblaient plutôt

amusants. Quand, au moment de se coucher, Herbert Ward retrouva sa Bible coincée dans son pyjama, devant sa figure médusée Emily partit d'un grand éclat de rire. Son époux en fut indigné.

Le lendemain, Mrs Ward continua à explorer son domaine. Elle traversa la cour carrée, ancien cloître des moines, de là passa dans le jardin, un vrai fouillis de plantes exubérantes, ombragé par de beaux arbres.

— Il faudrait les tailler, pensa tout haut Emily. Ce sont des arbres magnifiques.

— Je crois bien… C'est moi qui les ai plantés, chuchota une voix de femme près d'elle.

Emily Ward se retourna et, ne voyant personne, haussa les épaules et continua à faire des projets.

— Là je mettrai des narcisses, là des pivoines, là des dahlias… Je demanderai au voisin… Surtout j'aurai des rosiers. J'adore le parfum des roses.

— Ah le parfum des roses…, reprit en écho la même voix rêveuse.

Mais cette fois la personne à laquelle cette voix appartenait se manifesta aux yeux d'Emily. C'était une dame distinguée au visage mélancolique, en robe de mousseline blanche à petits plis.

— Vous allez abîmer votre robe, remarqua Emily. Ce serait dommage, bien qu'elle soit démodée... Oh pardon... Vous voyez... ici il y a beaucoup de ronces.

— Il faut les arroser avec du pipi de chat et de la poudre d'araignée, dit la dame le plus sérieusement du monde.

— Vous croyez?... Je n'en sais rien, j'ai toujours vécu à la ville... Ah! j'aperçois mon mari... Herbert, *darling*, comme c'est gentil à vous d'être venu me rejoindre! Venez que je vous présente à madame.

— Quelle dame?

— Mais madame, là, devant vous... Elle s'y connaît en jardinage.

— Mais je ne vois...

— Ils ont des yeux pour ne pas voir, fit la dame mystérieusement. Vous êtes plus douée que votre époux, ma chère enfant... Je reviendrai.

— Je vous en prie, ne partez... Où est-elle?

— Enfin, Milly, que se passe-t-il?... Vous êtes tellement bavarde que vous vous parlez

à vous-même. Cela finira par vous jouer des tours !

Un peu plus tard dans la journée, Mrs Ward alla au village. Elle causa avec les commerçants, rencontra une de ses voisines, se fit offrir une tasse de thé. Elle rentra tout excitée.

— Herbert, *darling* ! Savez-vous ce que j'ai appris ?... On m'a raconté l'histoire de notre maison...

— J'ai du travail, Milly, ma chère.

— Ce que j'ai à vous dire est important.

— Eh bien ?

— Il y a des fantômes dans le presbytère... Aussi je me disais... Cette dame ce matin au jardin... Les objets qui se déplacent... Cela expliquerait tout.

— Voyons, ma chère, vous n'allez pas me dire que vous croyez à ces bêtises ? Les fantômes n'existent pas.

En entendant proférer ce mensonge, les fantômes sursautèrent. Comme tout spectre qui se respecte, ils aimaient à rôder, invisibles, autour des humains et à surprendre leurs conversations. Ils n'avaient pas de chance : ils tombaient sur le seul Anglais de toutes les

îles Britanniques qui ne croyait pas aux fantômes ! En face d'un incrédule, ils se sentaient impuissants. Heureusement, Emily leur restait. Ils ne savaient plus très bien, d'ailleurs, s'ils souhaitaient qu'elle parte ou qu'elle demeure.

C'est pourquoi, les jours suivants, les moines se conduisirent d'une manière extravagante. Ils attendaient, pour se montrer, que l'un des époux Ward sorte dans la cour. Alors ils se mettaient en marche, à la queue leu leu, le grand, le gros, les quatre autres derrière, capuchon baissé, mains dans les manches de leur longue robe, voix marmonnant des prières. Le pasteur, qui passait rarement par là, ne les voyait même pas. Emily les regardait à peine, occupée à secouer ses tapis ou à empêcher ses chiens et ses chats de se battre.

Les spectres décidèrent d'intensifier leur action. Puisque le mari restait de marbre, ils encerclèrent la femme, proches d'elle à la toucher. Ils allèrent jusqu'à danser, levant les bras, les jambes, dans des poses grotesques, gardant toujours sous le capuchon baissé le visage dissimulé.

Cette fois Emily se fâcha.

— Vous n'avez pas honte à votre âge? Car je suppose que vous êtes vieux bien que vous n'ayez pas le courage de me montrer votre figure… Si vous croyez m'effrayer, vous vous trompez. Vous feriez mieux de regagner vos tombes et de me laisser travailler.

Les moines n'en revenaient pas. Quelle femme! Jamais on ne leur avait parlé de la sorte. Ils se le tinrent pour dit. Dans les semaines qui suivirent, leurs silhouettes se firent discrètes, toujours prêtes à se dissoudre au moindre froncement de sourcil d'Emily.

La dame distinguée, elle, était moins discrète. Elle n'avait pas perdu l'espoir de se faire remarquer du pasteur, pour lequel elle avait un faible. Elle dérangeait ses papiers, mettait ses chemises en désordre et passait sur ses cheveux sa main légère de fantôme. Peine perdue… Herbert se fâchait contre sa femme, contre les chats ou contre les courants d'air et l'ignorait.

Alors, la dame se rendait dans la chambre d'Emily. Les flacons et les pots de crème que la jeune femme avait rapportés de Londres la fascinaient. Elle tripotait les charmants

objets et demandait si elle pourrait s'en pro-
curer de semblables à l'église ou au cimetière.
Avant qu'Emily ait pu lui répondre, le fantôme s'évanouissait, laissant dans l'air un
sillage parfumé à la rose.

Tout autres étaient les interventions de
Tom. Celui-là ne se montrait jamais, ne
parlait pas, mais agissait. Emily Ward avait
appris à reconnaître son passage à un rapide
déplacement d'air et à un bruissement d'ailes.
Avec lui, on pouvait s'attendre à tout. La
théière se vidait, les gâteaux se grignotaient,
le tablier d'Emily se dénouait et son chapeau
s'envolait. Et parfois elle sentait une petite
tape sur la joue qui ressemblait à une caresse.

Le plus drôle, c'était le manège des chats.
Dès que le fantôme approchait, les bêtes se
hérissaient, soufflaient, crachaient, faisaient
des bonds démesurés comme pour atteindre
quelque proie. Mrs Ward finit par penser que
le gamin effronté avait avec lui un animal...
un oiseau peut-être... d'où le bruit d'ailes...
un oiseau apprivoisé qui ne le quittait
jamais ?...

L'été s'écoula lentement. Le temps ne passe
pas vite à la campagne. À présent qu'elle avait

remis la maison en état, Mrs Ward s'ennuyait
un peu. Elle regrettait le bourdonnement de
la ville et ses bavardages avec les clientes
quand elle leur vendait des chapeaux.
Heureusement qu'elle avait ses fantômes !
Elle avait essayé de parler d'eux à son mari,
il l'avait traitée de folle. Il était si raisonnable,
mais si ennuyeux…

Enfin, septembre arriva. Par un bel après-
midi, Emily Ward avait cueilli des dahlias et
elle préparait ses vases à la cuisine. Soudain,
elle entendit dans la pièce voisine un vacarme
surprenant : le galop de plusieurs chevaux,
des roues qui grinçaient sur le sol, grelots,
claquements de fouet, cris, rires et les bribes
d'une chanson. Elle sortit. Elle eut le temps
d'entrevoir un carrosse qui traversait le cor-
ridor. Dedans gesticulaient cinq joyeux garçons. En la voyant, pour la saluer, ils soule-
vèrent leur chapeau à plumes. L'un d'eux lui
sourit, un autre lui fit un clin d'œil. Puis,
comme happés par le mur, ils disparurent.
Malgré elle, elle continua à tendre l'oreille.
Plus aucun son ne lui parvint. L'un des
chats se frotta contre sa jambe, l'un des chiens

aboya après une mouche et l'après-midi retomba dans sa somnolence.

« Ils m'ont souri, pensa Emily. Ils me connaissent. » Et ce secret entre elle et eux lui parut doux, malgré l'épaisseur des siècles qui les séparait.

Tandis qu'elle rêvait ainsi, les fantômes du presbytère s'étaient donné rendez-vous pour faire le point de la situation. Cela fut rapide. Les moines avaient perdu leur orgueil et les autres voyaient d'un bon œil l'occupation des lieux par les humains. Aucun d'eux n'avait envie de se débarrasser des Ward : le mari ne gênait pas, puisqu'il niait leur existence, et, pour des raisons diverses, ils étaient tous tombés sous le charme d'Emily.

Plusieurs années passèrent sans événement notable. Un matin le pasteur mourut, dans son bureau, le nez sur son livre. Emily le pleura modérément, le fit enterrer dans le cimetière du village et la vie reprit comme avant.

Et puis un soir qu'elle entrait dans sa chambre, Emily Ward vit près de son lit une forme indistincte qui se précisait peu à peu – non, ce n'était ni la dame distinguée, ni un

moine, encore moins l'un des joyeux garçons. C'était une silhouette haute et raide
qu'elle reconnaissait, tandis qu'à son oreille
ces paroles résonnaient :

— Milly, ma chère, j'aimerais avoir une
tasse de thé... avec quelques gouttes de
whisky dedans...

Ah non ! c'en était trop ! Son pasteur de mari
était devenu fantôme !

Un mois plus tard, ayant l'intention de
retourner vivre à Londres, Mrs Ward fit passer cette annonce dans les journaux :

« À vendre : presbytère du XVe siècle en bon
état, avec un grand choix de fantômes amicaux. Prix à débattre. »

7. La lune morte

❀

CONTE ANGLAIS

Autrefois, dans les marais du Lincoln-shire, se cachaient toutes sortes de Créatures Horribles, mi-êtres, mi-choses, qui se réveillaient à la nuit tombante. Malheur à celui qui s'attardait dans ces parages. Spectres, revenants et sorciers s'amusaient à l'épouvanter, tandis que les feux follets, faisant semblant de le guider, l'entraînaient loin

de son chemin vers les trous d'eau meurtriers. Seule la clarté de la lune, brillant sur le paysage, pouvait le sauver. Car les Êtres Maudits qui rampaient dans la vase redoutaient la lumière par-dessus tout. Voilà pourquoi ils détestaient la lune. N'était-elle pas l'amie lumineuse des hommes ?

Un soir de novembre sombre et nuageux, un pauvre paysan, égaré dans les marais du Lincolnshire, cheminait avec peine. Trompé par les feux follets qui clignotaient à ses côtés, il s'éloignait du sentier et courait grand risque de mourir noyé. En ce temps-là, la lune était curieuse de tout ce qui se passait sur la terre. Entre deux nuages, elle aperçut l'homme et décida de lui venir en aide.

Elle s'enveloppa dans son grand manteau, cacha sous un capuchon ses cheveux scintillants et descendit dans les marécages. Dans la nuit devenue très noire, la lueur de ses pieds blancs la guidait vers le paysan. Sous ses pas gargouillait la vase, des mains tentaient de l'agripper, des yeux luisaient, des bouches ricanaient, la ronde folle des feux follets essayait de l'encercler. Pourtant la lune avançait.

La lune avançait, évitant les flaques, les trous, sautant, légère, de touffe en touffe, parfois glissant, s'éclaboussant, pour se rétablir sur une motte de terre branlante. Plusieurs fois elle faillit tomber. Elle se hâtait, sachant l'homme en danger. Tout à coup une pierre roula sous son pied. Elle trébucha, se rattrapa aux branches d'un arbre mort qui se dressait au-dessus d'elle. Soulagée, elle s'apprêtait à poursuivre son chemin : le paysan n'était pas loin. Mais elle ne pouvait plus bouger ! L'arbre mort la retenait et plus elle se débattait, plus les deux branches se resserraient sur elle, la maintenaient comme avec des menottes.

Pauvre lune ! Prisonnière ! Et si près du but ! À son souffle précipité se mêlait le gémissement de l'homme, qui s'enfonçait inexorablement dans le marais. Alors, d'un mouvement d'épaule, elle fit glisser son capuchon. D'un coup se révéla son lumineux visage qui éclairait tout alentour. On y voyait comme en plein jour. Le paysan poussa un cri de joie, retrouva le sentier et s'éloigna de toute la vitesse de ses jambes vers son village. Les

Choses Épouvantables s'étaient enfoncées dans la vase.

L'homme était sauvé, mais la lune demeurait captive. Elle lutta sauvagement et, dans sa lutte, le capuchon retomba sur sa face. Elle n'avait plus assez de force pour le relever. Elle n'en pouvait plus. Elle finit par demeurer immobile. L'obscurité avait à nouveau envahi la terre et les Êtres Rampants remontèrent triomphalement à la surface. Ils se réjouissaient d'avoir à leur merci la lune, leur vieille ennemie. Qu'allaient-ils faire d'elle ? La tuer ?

Toute la nuit ils en discutèrent. Ils décidèrent finalement de l'enfoncer, encore vivante, aussi loin qu'ils pourraient, dans l'eau croupie du marécage. Tandis que deux revenants la tenaient, deux spectres apportèrent une énorme pierre, deux sorciers la posèrent au-dessus de sa tête et deux feux follets furent désignés pour monter la garde, à tour de rôle.

Cependant l'aube était venue, puis le grand jour. Tout avait disparu, spectres, sorciers, revenants, feux follets. Plus de lune non plus et bien malin qui aurait pu dire où elle se trouvait, enfoncée entre trous d'eau et touffes d'herbe, dans les marais du Lincolnshire.

La nuit suivante, pas de lune dans le ciel évidemment. Les paysans ne se posèrent pas de questions. «Brumes, nuages et frissons, temps de saison», se dirent-ils. On était en novembre.

Mais comme l'hiver approchait et que la lune ne reparaissait pas, les braves gens commencèrent à s'inquiéter. D'abord surpris, puis anxieux, affolés, nuit après nuit, ils cherchaient en vain dans le ciel la lune, leur lune, l'amie bienveillante qui les protégeait des Horribles Choses du marais. Où était-elle allée? Souffrait-elle? Était-elle morte? Comment pourraient-ils se passer de son amitié?

Les Choses Maudites glissaient dans l'ombre jusque devant leur porte, bientôt elles entreraient dans leur demeure. Ils n'osaient plus dormir, épuisés par l'angoisse et le chagrin.

Ils allèrent demander conseil à une vieille femme qui habitait à l'extrémité du village. On la tenait pour sorcière.

Pourtant, elle eut beau consulter son miroir, la mousse pétillant dans son pot à bière et le grand livre dont elle ouvrit une page au

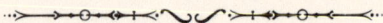

hasard, elle ne put rien dire de précis aux gens du village.

— Revenez quand vous aurez plus de renseignements sur ce qui s'est passé. En attendant, pour éloigner de vous les Êtres Maléfiques, que chacun jette sur le seuil de sa porte une pincée de sel, un brin de paille et un bouton.

Ce que firent les villageois et, grâce aux conseils de la sorcière, ils connurent un peu de répit.

Mais cela ne leur rendait pas la lune et, chaque nuit, ils regardaient anxieusement le ciel et puis baissaient la tête, toujours déçus. Et chaque jour, ils parlaient d'elle, de leur grande amitié et de sa mort probable… Ils ne parlaient même plus que de cela, devant l'âtre, dans la rue, à la fontaine, partout.

Un jour qu'à l'auberge trois hommes assis sur un banc en discutaient devant leur pot de bière, un buveur, debout au comptoir, se retourna et s'exclama :

— Que je suis bête… Pourquoi n'y ai-je pas pensé plus tôt ? Non, la lune n'est pas morte. Je crois savoir où elle se trouve. C'est elle qui m'a sauvé quand je m'étais perdu dans le

marais. Sa lumière m'a éclairé, puis s'est dissipée d'un seul coup. Je connais l'endroit.

Tous ensemble retournèrent trouver la vieille, au bout du village. Cette fois, après les avoir écoutés et avoir consulté le miroir, le pot et le livre, elle déclara qu'elle y voyait plus clair.

— Dès que la nuit sera tombée, vous irez tous les quatre dans le marais. Que chacun de vous ait un caillou dans la bouche, à la main une baguette de coudrier. Et surtout ne prononcez pas un seul mot avant d'être rentrés chez vous ! Vous avancerez avec précaution et, quand vous verrez le cercueil, la croix et la chandelle, vous vous arrêterez : c'est là que vous trouverez la lune. Vous n'aurez plus qu'à la ressusciter.

Ils partirent la nuit suivante. À leur tête se tenait l'homme que la lune avait sauvé. Ils marchaient en silence et les Choses Effrayantes, les mains visqueuses, les yeux luisants, les voix ricanantes essayaient en vain de retarder leur marche. Ils mouraient de peur, mais ils allaient bravement et ne s'arrêtèrent qu'au centre du marécage. Devant eux se trouvait une grande pierre plate, qui

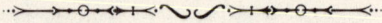

ressemblait à un cercueil. Au-dessus, un arbre mort étendait ses deux branches en forme de croix. À côté vacillait la chandelle d'un feu follet. C'était l'endroit où la lune était cachée.

Les hommes tombèrent à genoux et dirent leur prière – en silence, sans ouvrir la bouche ni prononcer une parole. Ensuite, ils se relevèrent, se rapprochèrent et, unissant leurs forces, commencèrent à soulever la pierre. Aussitôt une lumière s'en échappa. Un étrange et merveilleux visage posa sur eux son regard. Ils reculèrent, éblouis.

L'instant d'après, la pleine lune rayonnait dans le ciel. Poussant une clameur d'effroi, revenants, spectres, sorciers, follets se précipitèrent au fond du marais.

On y voyait comme en plein jour et les villageois, toujours silencieux, purent sans encombre rentrer chez eux.

Depuis ce temps, dans le Lincolnshire, la lune fait de son mieux pour éclairer le marécage et en chasser les Habitants Maudits. Elle n'a jamais oublié les paysans qui ont surmonté leur épouvante pour délivrer leur amie, la lune qu'ils avaient cru morte.

8. Le fiancé vampire

CONTE ROUMAIN

Bonne comme le pain, blonde comme le blé, telle était Ileana – c'est-à-dire Hélène. Elle portait mêmes nattes et même prénom que la princesse des contes de fées, Ileana Kossinzana, dont tous les Roumains connaissent l'histoire. Là pourtant s'arrêtait la ressemblance. Ileana la paysanne ne vivait pas dans un palais, «par-delà les neuf terres, par-

delà les neuf mers». Elle habitait une petite maison de bois, avec ses parents, dans la plaine de Moldavie.

Dès l'aube, après avoir dit sa prière, elle se mettait au travail. La maison étincelait de propreté et, pour les pauvres affamés ou pour les animaux blessés, sa porte était toujours ouverte. Mais ce qu'elle préférait, c'était de s'occuper du poulailler. Poules et poussins chantaient ses louanges. Le coq lui-même, si orgueilleux, reconnaissait qu'elle prenait grand soin d'eux.

Non loin de là, sur la pente de la montagne, vivait Ion-le-berger – c'est-à-dire Jean. Il logeait dans une cabane, près de la grande forêt de hêtres et de sapins, où l'on entend, au printemps, les coucous, en hiver, les loups. Il ne descendait au village que pour y vendre ses fromages. Alors, pour lui, c'était la fête.

Sa pelisse en peau de mouton, sa tête ébouriffée sous la toque, l'odeur de suint qui l'imprégnait le faisaient ressembler à l'une de ses bêtes. Une bête endiablée, en vérité, car personne ne savait comme lui boire, danser et chanter. Il avait une belle voix de basse et

quand il entonnait la fameuse chanson
d'amour,

Si je songe à ma bien-aimée,
Mon cœur ardent brûle et je pleure,

il ne pleurait pas du tout : ses dents riaient
sous sa grosse moustache noire et plus d'une
fille rêvait d'être chatouillée par cette mous-
tache-là.

Même la sage Ileana avait remarqué le berger. Un dimanche d'été, comme elle sortait de
l'église, les yeux baissés, elle ne put s'empêcher de couler un regard vers celui qui conduisait la ronde sur la place du village. Lui cessa
de danser en découvrant soudain le joli visage
et les tresses blondes.

— Ileana Kossinzana ! s'écria-t-il. Tu es la
belle aux tresses d'or.

Voilà comment ces deux-là s'aimèrent : l'eau
et le feu se rencontrent parfois.

Ils devaient se marier à l'automne suivant.
Là-haut, dans la bergerie, ils vivraient pau-
vrement dans la solitude, se nourrissant de
fromage blanc, de bouillie de maïs et d'eau
claire. Mais Ileana ne s'en souciait pas : elle
aurait son berger ainsi que ses poules, qu'elle

comptait emmener avec un coq, pour avoir des poussins au printemps.

Seulement, un soir, au village, en l'honneur de son futur mariage, Ion but un peu trop de petits verres de *tuica* – cette eau-de-vie de prune qui monte si fort à la tête. Quand il voulut rentrer chez lui, il s'égara dans le brouillard, prit un rocher pour sa maison, l'escalada, tomba dans le torrent en contrebas. On retrouva son corps trois jours plus tard. Sans prendre la peine de l'emporter au cimetière, on l'enterra à l'endroit même, sous les racines d'un sapin. Ileana se désola.

Adieu la vie, adieu la joie, adieu l'amour ! Pourtant, Ion n'était pas mort tout à fait : il était devenu vampire – *strigoï*, comme disent les Roumains.

Il était condamné à errer la nuit jusqu'au chant du coq, en quête d'un peu de sang à boire. Si, à cette époque, les *strigoï* étaient nombreux, de leur côté les paysans savaient se protéger. Ils frottaient portes, fenêtres, cheminées et même les trous des serrures avec du jus d'ail pressé ou bien avec de l'eau bénite. Tout le monde sait que l'ail, l'eau bénite et le signe de la croix ont le pouvoir d'éloigner les

monstres. Ah non ! elle n'était pas facile, l'après-vie d'un vampire en ce temps-là.

Selon la mauvaise habitude des *strigoï*, Ion s'attaqua d'abord à celle qu'il avait le plus aimée, c'est-à-dire Ileana. Il attendit que ses parents, appelés par une tante malade, se soient éloignés, pour s'approcher de la maison. Mais il ne pouvait pas entrer : la demeure était propre et sanctifiée par la prière. Or les vampires ne se plaisent que dans la saleté, le désordre et le péché.

Ileana s'apprêtait à se coucher. Après avoir éteint sa chandelle, elle récitait son chapelet. Elle s'interrompait souvent pour songer à son bien-aimé. Elle se désolait surtout à l'idée qu'il était mort en état de péché et n'avait pas de tombe au cimetière. Comment Dieu aurait-il pu l'accueillir au paradis ?

À ce moment, elle entendit frapper un coup léger à la fenêtre, se retourna et le vit : c'était bien lui derrière la vitre, elle reconnaissait ses yeux luisants sous la toque et sa grosse moustache noire. Comme son visage était pâle !... Elle entendit sa voix de basse prononcer, avec la même autorité qu'autrefois :

— Viens, fillette, viens avec moi.

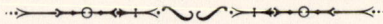

Alors, sans hésiter, sans réfléchir, telle qu'elle était, pieds nus, en chemise de nuit et le chapelet dans sa poche, elle ouvrit la porte et se jeta dans ses bras.

Il la saisit d'une main de glace et l'entraîna à travers champs, vers la montagne. Il répétait :

— Viens donc, fillette, marche plus vite... Dépêche-toi.

C'était l'hiver, la neige couvrait la campagne. Pas un bruit, si ce n'est, dans le lointain, le hurlement des loups. Ileana tremblait des pieds à la tête, à la fois de peur et de froid.

Enfin, ils arrivèrent devant le trou béant, sous le sapin qui avait servi de tombe au vampire. C'était là qu'il la conduisait. Elle comprit tout et lui dit, d'une voix timide :

— Passe devant, Ion, je t'en prie. Il fait si noir là-dessous... Tu me montreras le chemin.

Il la savait amoureuse et naïve. Sans se méfier d'elle, il lâcha sa main et s'enfonça sous les racines. Elle s'écria :

— Oh... j'ai perdu mon chapelet ! Il vient de se casser... Je dois en retrouver les grains.

Le temps qu'il comprenne les mots et se retourne, Ileana avait fui.

Ileana courait, courait à perdre haleine, elle dégringola la pente, elle parvint dans la plaine, le *strigoï* derrière elle. Où aller ? Tout était blanc sous la lune, pas de trace de sentier. Ah si, tout près, sous sa toiture de neige, s'élevait une chaumière. Une lumière y vacillait. Ileana s'y précipita, eut le temps de fermer la porte, d'y accrocher son chapelet et de tirer les verrous : deux précautions valent mieux qu'une. Ensuite, elle regarda autour d'elle.

Elle se trouvait dans un pauvre logis. Sur un lit de planches, un vieil homme était étendu, les mains jointes sous un drap. Il était mort. Une chandelle brûlait à son chevet. Dans un coin, un tas de plumes gisait, immobile : c'étaient un coq et une poule blottis l'un contre l'autre. Les humains et les animaux dormaient ensemble, pour se tenir chaud.

Au centre de la pièce se dressait un énorme poêle de faïence. Le feu était éteint, pourtant sa paroi était encore tiède. Ileana se glissa derrière lui, s'y tapit, pour échapper au regard du *strigoï* qui, déjà, frappait à la fenêtre. Elle

ne pouvait pas le voir, mais elle l'entendait appeler le gisant :

— Mort, rends-moi la vivante ! Elle se cache… Je sais qu'elle est là !

Et voici que le mort ouvrit les yeux et souleva sa tête, lentement.

Ileana s'en aperçut. Épouvantée, elle se mit à réciter ses prières, toutes les prières qu'elle connaissait.

Le vampire continuait, frappant à coups redoublés sur la vitre :

— Mort, rends-moi la vivante ! Elle m'appartient ! De son plein gré, elle est venue à moi !

Le mort redressa son buste maigre, le drap glissa.

Ileana marmonnait ses prières, à toute vitesse, en s'embrouillant un peu.

— Mort, rends-moi la vivante ! Ouvre la fenêtre, que je la prenne ! Elle est à moi.

Le mort descendit de son lit de planches et fit un pas.

Ileana était perdue… Dieu ne l'entendait-il pas ?

Cependant, dans le coin de la pièce où elle était couchée, la poule ne dormait plus.

Arrachée au sommeil par les coups et les cris, elle secouait le coq :

— Réveille-toi ! Réveille-toi ! Ileana, l'amie des bêtes, la protectrice des poulets, Ileana est en danger… Si tu chantes ton cocorico, le vampire croira le jour venu et s'en ira.

— Hein ?… Quoi ?… Qu'est-ce que tu dis ?… Ce n'est pas l'heure… Laisse-moi dormir.

— Réveille-toi… Réveille-toi…

Mais le coq avait mis la tête sous son aile et n'écoutait pas.

Le mort, lui, se dirigeait à pas lourds vers la fenêtre où tempêtait le *strigoï*.

La poule alors prit une résolution héroïque et, pour la première et seule fois de sa vie, oubliant ses caquetages et ses gloussements, lança le cocorico le plus sonore que l'on ait jamais entendu sur la terre de Roumanie.

Le coq, surpris et même un peu honteux, accepta de se joindre à elle et ce fut un beau concert. Le *strigoï* s'était enfui. Le mort retourna dans son lit et la petite Ileana osa sortir de sa cachette.

Elle rentra chez elle, accompagnée par la poule qui l'avait sauvée. Le coq marchait dignement derrière elles.

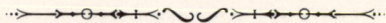

Pour avoir la certitude d'être à jamais déli-
vrée du vampire, Ileana alla trouver une
vieille qui connaissait les formules pour conju-
rer tous les dangers.

En sa présence, la jeune fille récita trois
fois l'incantation suivante :

Un grand homme rouge
A tiré du lait rouge
Du pis d'une grande vache rouge
Il est allé au marché rouge
Il a crié : Lait rouge !
Les vampires
Les strigoï
Les jeteurs de sort
Se sont précipités
Chacun dès qu'il a bu le lait
A eu son cœur son foie crevés
Ileana est restée
Pure et brillante
Comme l'étoile du ciel
Comme la rosée des champs
Comme sa mère l'a mise au monde

La vieille ensuite lui fit avaler un mélange
de trois pétales de pivoine séchés avec un œuf

pondu par une poule noire, un samedi, au coucher du soleil.

Depuis Ion-le-strigoï n'a pas reparu – et pour cause : les hommes du village, sachant ce qui était arrivé à Ileana, allèrent déterrer le cadavre du berger. Avant de le brûler, ils enfoncèrent un pieu dans son cœur, car c'est ainsi qu'en Roumanie on se protège des vampires.

Ileana continua tranquillement à soigner ses poussins et ses poules. Et le dimanche, en sortant de l'église, elle traversait la place où tournaient filles et garçons. Parfois même, elle s'arrêtait pour jeter un regard sur celui qui menait la danse.

Mais il ne chantait pas d'une belle voix de basse et n'était pas berger.

La guirlande d'Halloween

Chats noirs, chauves-souris, citrouilles et momies appartiennent à la tradition d'Halloween, parce qu'on leur attribue des pouvoirs maléfiques. Mais ce ne sont que des bêtes innocentes, de simples légumes et les vestiges d'une antique civilisation, fort estimés des savants.

Il est vrai que les chats – surtout les chats noirs – ont mauvaise réputation. En Gâtine, on les considère comme les messagers de la Mort. En Vendée, on prétend qu'à Mardi-Gras, ils se rendent au sabbat avec le Diable, leur maître. Au Japon... eh bien pour savoir ce que pensent les Japonais, lisez plutôt l'«Histoire de la belle O Toyo». Pourtant, si vous avez chez vous un brave minet, peut-être vous direz-vous qu'il s'agit là d'une histoire à dormir debout...

Si vous poursuivez votre lecture, deux contes venus d'Afrique ou des Philippines sur les mœurs des chauves-souris et l'origine des citrouilles, ainsi qu'une conversation surprise entre un authentique pharaon et un jeune garçon, vous aideront certainement à vous faire une opinion sur cette question : est-ce à tort ou à raison que chats noirs, chauves-souris, citrouilles et momies font partie de la guirlande d'Halloween ?

9. Histoire de la belle O Toyo

❉

CONTE JAPONAIS

À petits pas, la belle O Toyo se promenait dans le jardin avec son seigneur, le prince de Hizen Nabeshima, dont elle était la favorite. Son corps élancé, son teint très blanc, ses yeux obliques et surtout sa magnifique chevelure noire aux reflets bleutés, tout en elle correspondait à l'image de la femme

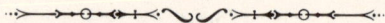

idéale, dans le Japon de ce temps-là. Elle
portait avec élégance un kimono de soie et
sa large ceinture était brodée de chrysan-
thèmes.

Elle s'avança, aux côtés de son seigneur,
jusqu'au gracieux pont de bois qui surplom-
bait l'étang miniature. Aux reflets des arbres,
rougis par l'automne, se mêlèrent un instant leurs silhouettes. Dans la lumière du
soleil couchant, ils demeuraient immobiles.
Une libellule les frôla.

Soir d'automne !
À peine si l'on devine l'ombre des ailes
de la libellule,
récita la favorite, qui connaissait les poètes
des siècles passés. Elle était aussi intelligente
et cultivée que belle et le prince l'écoutait avec
ravissement.

Tous les deux, jeunes, heureux, amoureux,
se sentaient pleins de force et de foi en la vie.
Ils ne savaient pas que, tapi dans l'ombre
grandissante, entre une lanterne de pierre et
un arbuste nain, un gros chat noir les obser-
vait. Il suivait tous leurs gestes de son regard
phosphorescent.

Peut-être la jeune femme s'en rendit-elle

compte, vaguement. Comme un souffle de vent la faisait frissonner, elle mumura, citant un autre poète :

> *Froid de l'automne*
> *Éclat des yeux*
> *dans le masque du démon.*

Puis, ayant souhaité le bonsoir à son cher seigneur, elle se dirigea vers ses appartements.

Elle tira derrière elle la paroi coulissante de papier transparent qui lui servait de porte, appela ses suivantes et se prépara pour la nuit, sans se douter que le chat l'avait suivie. Caché derrière un grand vase de porcelaine, il attendait.

Quand la belle fut endormie, il s'approcha, une lueur inquiétante dans les yeux. C'était une bête magnifique, de haute taille, au pelage si noir qu'il en paraissait bleu.

Ce qu'il fit à la favorite, nul ne l'a su exactement. Mais à partir de cette nuit-là, le chat ne se montra plus, ni dans le jardin, ni dans les appartements.

Le lendemain, près de l'étang, entre les lanternes de pierre et les arbres nains, le prince

de Hizen Nabeshima et sa dame se prome-
naient à petits pas. Jamais O Toyo n'avait
paru si belle. Ses gestes étaient empreints
d'une grâce féline et, lorsqu'elle s'animait, ses
yeux obliques prenaient un éclat phosphorescent. Le seigneur était sous le charme,
encore plus épris qu'auparavant. Il ne pouvait se passer d'elle. Tous les soirs, ils se
retrouvaient dans le jardin, jusqu'au jour où
le prince tomba malade.

Ce fut une étrange maladie. Sans signe
apparent, sans blessure, le jeune homme per-
dait ses forces. Une fatigue invincible s'était
emparée de lui, l'empêchant de se lever et
de remplir ses fonctions. Ses journées étaient
pénibles, ses nuits pires encore. Des cauche-
mars le tourmentaient, si bien que, chaque
matin, il se retrouvait si faible qu'il lui semblait que tout son sang l'avait quitté. Et le
souvenir vague mais atroce de ses rêves le
hantait continuellement.

Ses conseillers s'inquiétèrent. On fit venir
des médecins, qui examinèrent le malade et
hochèrent gravement la tête. Les uns pres-
crirent des massages, les autres des tisanes.
Sans résultat. Le prince continua à s'affaiblir.

Quelqu'un suggéra qu'un être malfaisant, esprit ou démon, profitait de l'obscurité pour exercer sur lui quelque maléfice. Alors, on le fit veiller par cent gardes.

Pendant la première nuit, les cent gardes dormirent. Et malgré tous leurs efforts, il en fut de même les deux nuits suivantes.

On renvoya les cent gardes, on les remplaça par d'autres. Ceux-ci s'endormirent aussi.

Les conseillers décidèrent alors de veiller eux-mêmes. Ils s'installèrent dans la chambre princière. Au fur et à mesure que la nuit avançait, ils sentirent leurs idées s'embrouiller, leurs paupières se fermer, comme si une main puissante se posait sur eux. Au matin, ils se réveillèrent, honteux. Le malade dormait, avec des soubresauts, encore plus pâle que de coutume.

Le premier conseiller, Isahaya Buzen, pensa que seule la prière pourrait venir à bout de cette maladie magique. Il alla dans le temple trouver Ruiten, le premier bonze, et lui demanda de prier pour le prince.

Ruiten supplia les dieux.

Un soir, alors que le bonze, après avoir dit ses prières, était sur le point de s'endormir,

il entendit comme un bruit d'eau, à l'extérieur, près du temple. Cela provenait du puits qui se trouvait dans la cour.

Ruiten fit coulisser la paroi de sa chambre. Il aperçut, à la lumière de la lune, un jeune soldat en train de se laver. Quand celui-ci eut achevé ses ablutions pour se purifier, il s'approcha de la grande statue de Bouddha et se mit à prier, d'une voix forte et pure, pour le salut de son prince bien-aimé.

Ému par une telle fidélité envers le seigneur, Ruiten fit venir le soldat. Bien qu'intimidé, le jeune homme répondit aux questions du bonze.

— Je m'appelle Itô Sôda. Je sers dans les armées du prince. Je suis prêt à donner ma vie pour le sauver. Je sais qu'il souffre d'un étrange maléfice et que tous ceux qui doivent le veiller sont plongés dans un sommeil plus puissant qu'eux. Si je pouvais me tenir à ses côtés, j'essaierais de ne pas dormir et de connaître la cause de son mal. Mais je ne suis qu'un soldat, trop humble pour être admis en sa noble présence.

— Je parlerai de vous à Isahaya Buzen.

Qu'il fasse appel à votre dévouement, puisque tel est votre désir.

Ruiten eut du mal à convaincre le premier conseiller : il paraissait inconcevable à ce dernier qu'un simple soldat puisse approcher un prince, même endormi. Finalement, Isahaya Buzen céda, tant le visage du soldat exprimait de vaillance et de loyauté.

La nuit suivante, Itô Sôda se retrouva parmi les gardes chargés de veiller le prince, tous de plus haute naissance que lui. Ce qui ne les empêcha pas, vers dix heures, de s'endormir tous d'un seul coup. Lui-même sentit ses paupières s'alourdir. Alors il posa devant lui, sur la natte qui revêtait le sol, une feuille de papier huilé, qu'il avait emportée, et un poignard. De sa lame bien affûtée, il se fit une profonde entaille au genou. Quelques gouttes de sang tombèrent sur le papier. Itô Sôda avait tout prévu : il avait craint, en se blessant, de salir la chambre du prince. Au Japon, on considérait comme une offense qu'un soldat ose laisser couler son sang en présence de son seigneur, même s'il agissait ainsi par dévouement…

La douleur tenait le jeune homme éveillé.

Par moments, cependant, il était dominé par l'envie de dormir et il tournait le couteau dans la plaie, pour que la souffrance soit plus vive.

Il avait les yeux grand ouverts lorsqu'à minuit, comme par magie, sans que les parois de papier aient bougé, une dame se trouva tout à coup dans la chambre.

Qu'elle était belle ! Son kimono de soie brodé, son corps souple, sa grâce féline, sa chevelure d'un noir bleuté, tout en elle captivait le regard. Le soldat n'avait jamais vu pareille femme de sa vie. Il n'était pas insensible à son charme.

— Comment va donc mon cher seigneur ? chuchota-t-elle en venant près du lit.

Comme elle se penchait au-dessus du prince – on ne sait trop dans quelle intention –, Itô Sôda se ressaisit. Il fit un pas. La jeune femme se retourna, dardant sur lui ses prunelles phosphorescentes.

— Que faites-vous là ? demanda-t-elle d'une voix musicale. Dites-moi pourquoi vous ne dormez pas comme les autres.

Il le lui expliqua. Elle fit semblant d'admirer son courage, puis, comprenant qu'il ne la laisserait pas approcher davantage du

prince, elle disparut à travers la cloison, comme elle était venue, magiquement.

Le lendemain matin, quand le malade s'éveilla, il déclara qu'il avait bien dormi et que, pour la première fois depuis longtemps, il se sentait reposé. Son visage avait repris quelque couleur. Grâce à Itô Sôda, qui continua à monter la garde, la dame ne revint pas les nuits suivantes et le prince de Hizen Nabeshima se rétablit.

Itô Sôda rendit compte de sa mission au premier conseiller. Celui-ci le félicita et lui apprit que la dame apparue dans la chambre n'était autre que la belle O Toyo, la favorite. Était-ce elle la créature maléfique, qui aspirait le sang et les forces du prince ?

— J'en suis sûr, dit le jeune soldat. Du moment où elle a cessé de venir la nuit, le seigneur s'est rétabli. Mais tant qu'elle demeure en vie, le danger n'est pas écarté, d'autant plus que le prince de Hizen semble très attaché à elle. Il faudrait…

— Je crois que vous avez raison, l'interrompit Isahaya Buzen. Mais seul, je ne peux prendre aucune décision. Je dois demander

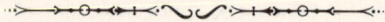

aux autres conseillers ce qu'ils en pensent.
Revenez me voir.

Les conseillers furent tous du même avis :
la belle O Toyo devait disparaître. On chargea Itô Sôda de la tâche.

Le fidèle soldat fut donc introduit un matin
dans les appartements de la favorite. Il lui
apportait un message du prince, enfermé dans
une boîte en jade.

— Donnez vite ! s'écria-t-elle. Une lettre de
mon cher seigneur !

Tandis qu'elle s'absorbait dans sa lecture,
Itô Sôda, resté debout respectueusement à
trois pas derrière elle, commença à dégainer
son sabre.

La dame était sur ses gardes. Elle entendit le frottement de la lame contre le four-
reau.. Elle bondit, s'empara d'une arme qui
décorait la pièce : une petite hallebarde de
laque noire, rehaussée d'or.

Ils se battirent. Malgré la souplesse de
ses mouvements et les grondements terri-
fiants qui sortaient de sa gorge, la belle n'était
pas de taille à se défendre contre un soldat.
Elle recula, pas à pas, et il réussit sans peine

à faire tomber sa hallebarde. D'un seul coup de son sabre, Itô Sôda lui trancha la tête.

Ô surprise!... Sur le sol de la pièce, éclaboussé de sang, à la place de la belle O Toyo gisait le cadavre d'un chat, un gros chat noir, décapité.

On ne retrouva pas le corps de la véritable O Toyo. On pensa que le chat-vampire, le premier soir, l'avait tuée pour prendre possession de sa personne et, sous ce masque conduire le seigneur à la mort. Le prince regretta-t-il sa favorite? Il ne découvrit pas ses sentiments.

Il donna de grands biens, avec le grade d'officier, à l'humble soldat qui l'avait sauvé et gouverna longtemps, avec sagesse.

10. Pourquoi les chauves-souris ne volent que la nuit

CONTE ZOULOU

Au temps où les bêtes parlaient, en Afrique, dans le pays zoulou, vivaient Mangouste et Chauve-Souris.

Mangouste avait déjà sa douce fourrure grise, sa longue queue et son museau pointu, mais son pelage était de couleur uniforme.

Chauve-Souris dormait déjà accrochée à

une branche, la tête en bas, enveloppée dans ses ailes, mais seulement la nuit. Le jour, elle était, comme tout le monde, réveillée.

Les deux bêtes chassaient ensemble toute la journée, dans les collines, entre les buissons, sous l'ombre légère des acacias ou bien le long des rivières. Le soir venu, chacune, à tour de rôle, préparait le repas et faisait bouillir la marmite, après avoir allumé le feu – car en ce temps-là, les animaux ne craignaient pas la flamme.

Mangouste et Chauve-Souris semblaient être les meilleures amies du monde. En fait, Chauve-Souris détestait sa compagne à cause de sa gentillesse et de sa beauté. Elle enviait son agilité, son courage, car Mangouste pouvait bondir sur un serpent trois fois plus gros qu'elle et, après un combat furieux, réussir à le tuer. Et Chauve-Souris cherchait comment se débarrasser de sa compagne.

Ce fut Mangouste elle-même qui lui en fournit l'occasion. Un soir où elle se régalait en mangeant ce qu'avait cuisiné Chauve-Souris, elle lui demanda :

— Comment fais-tu pour accommoder aussi bien la nourriture ? Tu es meilleure cuisinière

que moi. Si tu me donnais des leçons, je pour-
rais m'améliorer.

— Volontiers, répondit Chauve-Souris dont
l'œil se mit à pétiller, car l'idée d'un bon tour
à jouer naissait dans sa cervelle. Volontiers.
Si tu veux, nous commencerons demain.

Le lendemain, avant l'arrivée de Mangouste, qui folâtrait dans la brousse, Chauve-
Souris se hâta de préparer un plat – délicieux
comme de coutume. Puis elle retira la marmite du feu et la remplaça par une autre dans
laquelle elle fit tiédir de l'eau.

— Je vais te confier mon secret, dit-elle à
Mangouste qui approchait. Regarde bien.

Et, sous les yeux étonnés de l'autre, elle
sauta dans la marmite, en ressortit et
s'ébroua.

— C'est ma chair délicate qui donne son
goût au contenu de la marmite. Je commence
toujours par là avant d'ajouter les autres
ingrédients. Ce soir, je ne me suis pas trem-
pée longtemps, car il est tard. L'idéal, c'est de
bouillir au moins quelques minutes. Tu
devrais essayer. Ce n'est pas difficile… Ah!
mais je m'aperçois que j'ai oublié la louche.
Peux-tu aller la chercher, s'il te plaît?

Pendant que Mangouste s'éloignait, vite, Chauve-Souris échangea les récipients.

Elles dégustèrent ce soir-là un excellent repas. Mangouste, le ventre plein, déclara :

— Demain, ce sera mon tour. On verra ce qu'on verra.

Le jour suivant, sans attendre son amie, afin de lui faire une surprise, Mangouste commença ses préparatifs. Bien sûr, quand elle s'élança dans l'eau bouillante, elle se brûla horriblement. C'est depuis ce jour-là que la mangouste africaine porte, dessinées sur le dos, des rayures noires, traces de ses brûlures.

Chauve-Souris, nichée dans le creux d'un arbre, riait. Elle ne rit pas longtemps en entendant Mangouste crier, de souffrance et de rage.

— Chauve-Souris, Chauve-Souris maudite, tu m'as méchamment trompée. Je te croyais mon amie. Je me vengerai.

Chauve-Souris comprit alors qu'elle n'oserait pas affronter la colère de Mangouste. Elle n'oserait plus chasser dans la lumière, encore moins allumer un feu, ni faire bouillir sa marmite pour confectionner un plat merveilleux.

Pour échapper à la vengeance de Mangouste, il lui faudrait toujours se cacher.

Voilà pourquoi les chauves-souris dorment le jour et ne volent qu'à la nuit tombée.

11. Comment sont nées les citrouilles

CONTE DES PHILIPPINES

Au bord de la lagune, sous les cocotiers, vivaient un vieux et une vieille. L'homme pêchait, la femme cultivait le jardin. Ils n'étaient pas riches, mais ni les poissons, ni les coquillages, ni le riz, ni le manioc, ni les patates douces ne leur manquaient. Ils avaient même des fleurs pour décorer leur cabane. Pourtant, ils n'étaient pas heureux, car ils n'avaient pas d'enfant.

— À qui apprendrai-je à manier ma barque entre les récifs de corail? À qui donnerai-je mes filets? se lamentait le vieux.

— Qui, dans le jardin, fera pousser des légumes? Qui les préparera pour le repas? gémissait la vieille.

Ils avaient beau réciter des prières à la Vierge, aux Anges et aux Saints, la pauvre femme demeurait aussi plate qu'une planche rabotée par la mer.

Un jour, elle décida de s'adresser à Dieu directement:

— Dieu! Hé, Dieu! Écoute-moi. Donne-moi un enfant. Un enfant n'importe comment, un enfant sans bras ni jambes, rien qu'une tête si tu veux, mais donne-le-moi. Dieu, tu m'écoutes?

Dieu ne l'écouta que trop bien. Neuf mois après, un enfant lui naquit, avec des bras et des jambes minuscules, un tout petit corps et une tête énorme. C'était une tête affamée. Dès que le bébé cessait de manger, il criait tant qu'il pouvait.

Au début, les voisins, attirés par la curio-sité, rendirent visite à l'enfant. Même le chef du village se déplaça. Ils venaient avec

des cadeaux, regardaient, s'exclamaient, s'en allaient, sans dire vraiment ce qu'ils pensaient.

Cependant l'enfant grandissait – façon de parler ! Ses bouts de membres, son trognon de corps ne poussaient pas, seule sa tête grossissait et ses braillements s'amplifiaient. On les entendait jusqu'à l'extrémité du village.

Pourtant ses parents le chérissaient et faisaient de leur mieux pour le satisfaire. Dès l'aube, le vieux partait sur la lagune, le visage couvert d'un masque, selon la coutume, à la fois pour se protéger du soleil et pour attirer les poissons par magie. Ses meilleures prises et les fruits les plus savoureux, que la vieille échangeait au marché contre ses légumes, rien n'était trop bon pour l'enfant.

Mais celui-ci n'était jamais content. Impossible de le rassasier. Et il poussait des hurlements.

Ses parents s'en accommodaient, mais pas les gens du village. Ils ne pouvaient plus travailler, ni dormir, ni prier, tant cette clameur sauvage leur emplissait les oreilles.

Ils tinrent conseil et décidèrent que, pour faire taire cette tête entêtée et obtenir le silence, il fallait décapiter le monstre. Le chef

du village se chargea d'aller annoncer la décision aux parents.

Le vieux et la vieille, effondrés, demandè-
rent grâce. Malgré ses cris incessants et son
aspect difforme, ils l'aimaient, leur rejeton.
Ils avaient eu tant de mal à obtenir qu'il
vienne au monde !

Le chef du village demeura inébranlable :
il fallait savoir se sacrifier pour le bien de la
communauté. Les parents, la mort dans l'âme,
acceptèrent l'inévitable.

Le père se dirigeait vers le cimetière, portant sur l'épaule le cercueil qui contenait la
tête de son enfant. Un étranger, qui passait
par là, l'aborda.

— Mon pauvre homme, dit l'inconnu, je sais
ce qui se passe et je te plains. C'est pourquoi
je te donne de quoi vous consoler, ta femme
et toi. Prends cette graine, enfouis-la dans
la tombe avec la tête de ton enfant et rentre
chez toi. Mais surtout ne te retourne pas en
route.

Le vieux, réconforté, obéit. Une fois rentré
chez lui, il se retourna pour regarder dans la
direction du cimetière : une plante aux larges

feuilles avait rampé jusqu'au seuil de sa cabane.

Intrigué, il suivit la tige dont les volutes se déroulaient sur le chemin. Il arriva devant la tombe, sur laquelle avait poussé cette plante extraordinaire. Des fruits énormes, aux couleurs éclatantes, s'arrondissaient comme des têtes.

C'étaient les premières citrouilles.

12. Conversation
avec une momie

✳

RÉCIT

— Non, non et non ! Tant pis pour la prof d'histoire ! Je la saurai pas, ma leçon ! s'écria Antoine en se dressant sur son lit et il lança à la volée son livre à travers la chambre.

Le livre resta ouvert à la page où était représentée la momie de Thoutmosis III, le conquérant.

— J'ai trop sommeil, j'éteins ma lampe... C'est la faute aux pharaons. Ils ont des

noms pas possibles : Tout-en-camion, Amène-au… amène au quoi ? Et Toutmoisi, non, Thoutmosis… Et les momies, ça m'ennuie. Elles sont vieilles, elles sont laides, avec des figures noires pleines de grimaces… Tiens, ça me donne une idée… Je sais en quoi je vais me déguiser pour Halloween. En momie ! Avec des bandages partout… une tête de… une tête de mort… pour faire peur… peur… aux gens…

— Les momies ne font pas peur aux gens, prononça près d'Antoine une voix profonde et solennelle.

Le petit garçon, étonné, vit se déployer au-dessus de son lit une haute silhouette, enveloppée dans un linceul immaculé, maintenu par des bandelettes. À l'emplacement du visage était posé un masque d'or, se terminant par une étroite barbe tressée et surmonté par une coiffure à larges pans, incrustée de bandes d'émail d'un bleu vif. Les deux bras croisés sur la poitrine tenaient la crosse et le fouet, emblèmes de la souveraineté suprême.

— D'abord qui… qui vous êtes, vous ? balbutia Antoine.

— Je suis le pharaon Thoutmosis III, répondit majestueusement le personnage.

— Toutmoisi, s'exclama étourdiment

Antoine. Oh… pardon! Vous avez des noms si compliqués…

— Sais-tu, jeune insolent, que tes livres me nomment «le Napoléon égyptien»? Sais-tu que j'ai conquis pour mon pays des territoires immenses, du Soudan aux rives de l'Euphrate? Le sais-tu?

Le pharaon fit une pause, comme pour renforcer l'effet de ses paroles.

— Eh bien moi, marmonna Antoine qui retrouvait son assurance, j'ai été premier à la course à rollers et j'ai marqué deux buts pour mon équipe de foot… J'en fais pas toute une histoire…

Sans lui prêter attention, Thoutmosis poursuivit d'un ton pompeux:

— À la tête de mes armées, sur mon char de guerre, j'ai franchi des rivières, j'ai traversé des déserts et j'ai vaincu mes ennemis. J'ai administré des provinces, j'ai courbé la tête des princes, j'ai vu des peuples entiers trembler au seul énoncé de mon nom.

— Ah bon… et qu'est-ce que vous avez fait d'autre?

— J'ai fait dresser des obélisques, j'ai fait

construire des temples, j'ai fait creuser mon hypogée…

— Votre hypo… quoi ?

— Mon tombeau souterrain, si tu préfères. De mon vivant, pour accomplir ces travaux gigantesques, j'ai commandé des milliers d'hommes, j'ai…

— De votre vivant… Ça veut dire que vous êtes mort ?

— Ne m'interromps pas constamment… Je suis mort, en effet, depuis 3 500 ans. Mais en réalité, je suis vivant, au royaume du dieu Osiris, le Seigneur de l'Éternité.

— Osiris ?… Celui-là qu'a été coupé en morceaux par son méchant frère et sa femme Isis l'a retrouvé et recousu ? La prof nous a raconté son histoire.

— Ce n'est pas tout à fait exact. Certes, Isis a usé de son pouvoir de magicienne, mais c'est Anubis qui a reconstitué le corps et l'a embaumé pour le transformer en momie. La première momie au monde.

— Anubis ? Qui c'est déjà ?… J'ai oublié.

— Anubis est le dieu à tête de chacal qui connaît les secrets de l'embaumement. Il conduit les âmes au pays d'où l'on ne revient

pas. Grâce à ses bons soins, Osiris a été ressuscité, pour régner sur le royaume des morts.

— Alors vous aussi, vous êtes une momie ? Mais qu'est-ce que vous venez faire ici... dans ma chambre ?

— Permission m'a été donnée de franchir les siècles jusqu'à toi, jeune homme. Tu as les idées les plus ridicules et les plus grossières sur les momies. Je veux t'apprendre à les connaître et à les respecter. Sache, ignorant, avec quels soins méticuleux, quelles religieuses précautions, mon corps d'homme a été transformé en momie.

— Chic ! C'est juste ma leçon !... Je vais pouvoir l'apprendre avec vous...

— Silence !... Après ma mort, on m'a d'abord transporté dans un bâtiment spécial, la Belle Maison. Là, un prêtre au visage caché par le masque d'Anubis m'a retiré mon cerveau et plusieurs de mes organes – sauf mon cœur.

— Aïe... aïe... ça a dû faire mal.

— Mais non, jeune sot, puisque j'étais mort ! Où en étais-je ?... Ah oui... On m'a nettoyé ensuite avec du vin de palme et on m'a saupoudré de natron, une sorte de sel qui déshydrate les chairs. Quand j'ai été complètement

desséché, on m'a lavé à l'eau du Nil, on m'a
enduit de résine, on m'a frotté avec de
l'huile de cèdre et des aromates. Ces aromates
sont si puissants que tu peux encore aujour-
d'hui en respirer l'odeur.

La momie se pencha vers Antoine qui parvint à sentir le très faible parfum venu des
siècles lointains.

Thoutmosis se redressa et continua :

— Pour finir, on a enveloppé de bandelettes
chaque partie de mon corps et il a fallu pour
cela des mètres et des mètres d'une toile de
lin si fine qu'elle en était transparente. Toutes
ces opérations ont demandé soixante-dix jours.
Soixante-dix jours, te rends-tu compte ?
Combien vous faut-il de temps, à vous, pour
enterrer vos morts ? Tu peux comparer !... À
chaque étape de la momification, les prêtres
récitaient des incantations et glissaient des
amulettes contre mon corps.

— C'est quoi, des amulettes ?

— Ne m'interromps pas tout le temps, c'est
agaçant... Une amulette est un petit objet
symbolique qui fait du bien à ceux qui le
portent. Par exemple, le pilier *djed* aide le

mort à se redresser et la croix *ankh* lui donne le souffle de vie.

— Ah j'ai compris… Vous expliquez bien. Mieux que la prof.

— N'est-ce pas? dit Thoutmosis en se rengorgeant.

— C'est comme moi, j'ai toujours une bille bleue au fond de ma poche, ça porte bonheur… Alors c'est ça mon amulette… C'est la sœur de Kevin qui me l'a donnée… Oh zut! J'ai encore été trop bavard!

— De mon temps, les enfants n'auraient pas osé parler devant un pharaon… Enfin… Passons à autre chose. Bien que tu ne sois qu'un bavard, moi aussi, je veux te faire un cadeau.

La momie décroisa les bras, laissa tomber la crosse et le fouet et fouilla sous ses bandelettes.

— Regarde: c'est un «scarabée de cœur». Il est en pierre verte, d'un côté il figure l'insecte, de l'autre il porte une inscription, avec mon nom, dans l'écriture sacrée des hiéroglyphes… Je te le donne.

— Oh merci… Ça va épater les copains… Je le prêterai aussi à la prof.

— Ah non… ne le prête à personne. Garde-
le toujours sur toi, il te servira plus tard. Le
scarabée symbolise le soleil levant. Il aide les
hommes à renaître.

— Alors je vais le mettre dans la poche de
mon pyjama… C'est drôle qu'un scarabée
sym… symbo… soit le soleil, quoi!… Oh j'ai
encore parlé!… S'il vous plaît, continuez.
Qu'est-ce qui se passe après la pose des bandelettes?

— Eh bien, la momie est enfermée dans un
cercueil de bois peint et doré, avec le por-
trait du mort. Ensuite, on place le cercueil
dans un sarcophage de pierre. Comme j'étais
un grand pharaon, j'ai eu droit à cent qua-
rante amulettes, trois cercueils recouverts
d'or et, sur mon sarcophage, l'image de la
déesse Nout, les ailes déployées.

— Mais… est-ce que je peux encore poser
une question?… Je comprends pas pourquoi
vous vous donnez tant de mal pour faire des
momies… À quoi ça leur sert, les momies, aux
Égyptiens?

— Ce serait long à t'expliquer… Viens avec
moi, nous allons remonter le temps. Nous
serons invisibles pour assister aux funérailles

d'un grand personnage et nous entrerons avec lui dans le royaume d'Osiris. Tu comprendras alors le rôle joué par les momies. As-tu le scarabée que je t'ai donné?... Bien. Il te protégera pendant le voyage.

Thoutmosis tendit à l'enfant sa main sèche enveloppée de toile. Antoine hésita un instant, mais il trouvait le pharaon de plus en plus sympathique et, bravement, il posa sa main dans celle de la momie. En un clin d'œil, ils furent transportés dans la ville de Thèbes, sur les bords du Nil, en l'an 1450 avant Jésus-Christ.

Le fleuve était couvert d'embarcations et sur ses berges se pressait une foule bariolée. Elle paraissait attendre. Enfin, un bateau se détacha de la rive droite, celle où s'étageaient les palais. C'était une barque actionnée par de nombreux rameurs, plus grande que toutes les autres et d'un luxe extraordinaire. Elle transportait un sarcophage et se dirigeait vers l'autre côté du Nil, à l'ouest.

— C'est mon sarcophage, confia Thoutmosis à l'enfant... À vrai dire, je ne suis pas fâché d'assister à mes propres funérailles.

Il se mit à rire d'un rire aigrelet, comme à l'idée d'une bonne farce.

— Je regarderai les visages et je saurai si mes familiers sont aussi désolés qu'ils le prétendent. Vois-tu, il n'est pas facile pour un pharaon de connaître les sentiments véritables des gens de son entourage. Mais approchons… Voyons ce qui se passe.

«Au fond, se dit Antoine, la vie de pharaon, ça doit pas être si amusant que ça.»

Le bateau avait abordé la rive gauche, là où s'étendait la cité des morts. On avait posé le sarcophage sur un traîneau. Tiré par des bœufs aux cornes aiguës, il avançait lentement vers l'hypogée que le pharaon avait fait creuser. Dans les vapeurs de l'encens, deux femmes représentant les déesses Isis et Nephtys, puis les prêtres, la famille, les conseillers, les courtisans, accompagnaient la dépouille mortelle.

— Regardez celles-là, remarqua Antoine en tirant Thoutmosis par le bras, elles ont l'air d'avoir du chagrin pour de bon.

Il désignait un groupe de femmes vêtues de longues robes transparentes, échevelées,

les bras au ciel, poussant ensemble d'harmonieux gémissements.

— Penses-tu! Ce sont les pleureuses. Elles sont payées pour cela.

Cependant, le cortège était arrivé à destination. Une fois le sarcophage dressé à l'entrée de la chapelle, le fils aîné du pharaon procéda, selon l'usage, à l'aide d'un large bâton, à l'ouverture des yeux et de la bouche du mort.

— Ah! j'aperçois le visage de mon fils, fit le pharaon pensif. Il est sérieux... Il semble ému... Se pourrait-il qu'il me regrette?

— Qu'est-ce qu'il a fait au sarcophage avec son bâton? J'ai pas compris.

— Cette cérémonie permet au mort de retrouver le souffle de la vie. Il ressuscite, en quelque sorte, comme Osiris, et connaît une seconde existence. Mais il ne peut le faire que si son corps a été momifié. Tu comprends pourquoi, à nos yeux, les momies sont si importantes? Sans elles, pas de renaissance possible... Chut... Laisse-moi écouter la reine, ma première épouse, prononcer mon éloge funèbre. Que dit-elle?... je ne comprends pas... Ce n'est pas cela, elle se trompe... Elle

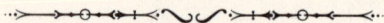

récite ce qu'on lui fait dire... Ah! si j'étais encore vivant, comme je la ferais taire... Allons-nous-en, j'en ai assez vu... Je sais par cœur ce qui va suivre.

— Mais pas moi... Je veux rester... C'est bien mieux qu'à la télé...

— Bon, quelques minutes alors... Tu vas voir, on va sacrifier un bœuf, on va le manger, avec des agneaux, des volailles, des pains d'orge, de la bière et du vin. On va servir le mort à sa table d'offrandes, pendant que les danseurs danseront, que les musiciens feront de la musique et que le harpiste aveugle chantera, au son de son instrument, les plaisirs de la vie : *Verse du parfum sur ta tête, habille-toi de lin, sois joyeux, ne permets pas que ton cœur s'attriste.*

— Ça veut dire que les gens s'amusent. C'est comme à l'enterrement de l'oncle Arthur... Moi, j'ai drôlement bien joué avec mon cousin... Tiens, qu'est-ce qu'on a fait du sarcophage ? Je le vois plus.

— On l'a descendu au fond de l'hypogée, par des couloirs secrets, jusqu'à « la chambre d'or, la demeure des millions d'années », bref la tombe. À côté du sarcophage, pour que le

mort conserve ses habitudes, on a déposé ses meubles, ses armes, ses jeux et une véritable armée de petits serviteurs de faïence, qui accomplissent à sa place toutes les corvées. Car la seconde vie ressemble à la première, on y mange, on y joue, on y travaille, mais bien sûr on ne souffre pas et on ne meurt jamais.

— Ça doit être agréable d'être mort dans votre pays. Vous croyez que les petits serviteurs peuvent faire des devoirs et apprendre des leçons ?

— Sans doute.

— Alors je pourrai en avoir quand je serai mort ?

— Mon cher enfant, tu t'imagines que le mort, une fois dans son tombeau, est au bout de ses peines. Tu te trompes ! Accompagné de son âme, le mort doit accomplir un long trajet dans l'Au-Delà, sur la barque funèbre, et subir toutes sortes d'épreuves.

— Des épreuves ? Comme dans le jeu *Donjons et Dragons* ?... Oh racontez !

— Il doit affronter des monstres, des serpents, un chat, des esprits... Il doit passer des portes... Il doit, sans se tromper – et cela,

c'est le plus difficile – donner les noms des portes, des gardiens des portes, des gardiens des châteaux, des quarante-deux démons, des cent cinquante-six aspects différents d'Osiris... Heureusement qu'il a avec lui le *Livre des Morts* qui lui sert de guide.

— C'est comme à la fête foraine... J'y suis allé avec mon grand-père. Y avait un jeu de piste avec des monstres... Oh là là! ce qu'on a eu peur! On s'est bien amusés... Pauvre grand-père, c'était la dernière fois... Vous savez... vous lui ressemblez un peu... Soyez gentil, emmenez-moi avec vous chez Osiris. Peut-être que je le retrouverai, mon grand-père, avec les autres morts?

— Mais attends, je n'ai pas terminé... Il reste la dernière épreuve, la plus terrible. Quand le mort arrive dans la salle du Jugement, en présence des dieux, on pèse son cœur sur la balance de la Justice. Si ses mauvaises actions l'emportent sur les bonnes, la Grande Dévorante à tête de crocodile se jette sur lui et il meurt. C'est une deuxième mort, définitive, sans aucun espoir de résurrection... C'est affreux. Rien que d'y penser... Même les plus grands pharaons, tels que moi, sont

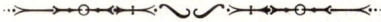

intimidés lorsqu'ils entrent dans la salle du Jugement.

— C'est vrai ?… Je veux tout de même y aller… Dites, vous m'emmenez ?… Dites ?…

Thoutmosis ne répondit pas, mais soudain, le décor changea. Antoine se retrouvait seul, derrière un pilier, dans une pièce immense. Il tenait contre sa poitrine son «scarabée de cœur». Son guide, le pharaon, avait disparu.

Une foule de divinités, plus bizarres les unes que les autres, remplissait la salle. Au centre se dressait une gigantesque balance. Derrière elle, dans la pénombre, siégeait Osiris, encadré par ses deux sœurs, Isis et Nephtys. Devant la balance, Maât, la déesse de la justice, invitait un pauvre mort momifié à s'approcher.

La momie marchait à pas lents. Elle était un peu voûtée, avec un air bienveillant, qui rappela à Antoine son grand-père. Il eut du mal à reconnaître en elle le majestueux Thoutmosis. Pourtant c'était bien le pharaon et il commença immédiatement, d'une voix mal assurée, sa déclaration d'innocence :

Je n'ai pas commis d'injustice envers les hommes,

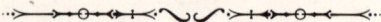

*Je n'ai pas fait ce qui est abominable
aux dieux,
Je n'ai pas affamé,
Je n'ai pas affligé,
Je n'ai pas tué,
Je n'ai pas faussé le poids de la
balance,
Je n'ai pas retiré le lait de la bouche
des petits enfants...*

Alors Maât prit le cœur du pharaon, le déposa dans un plateau et mit dans l'autre une plume qui ornait sa chevelure de déesse : les deux plateaux s'équilibraient parfaitement.

— Il est sauvé, il est justifié, il deviendra un nouvel Osiris, crièrent tous les assistants.

Thoutmosis se redressa, sauta en l'air et esquissa une pirouette. Les dieux semblèrent devenir fous, Anubis chacal aboya, Thot ibis claqua du bec, Horus faucon déploya ses ailes et la Dévorante ferma d'un coup sec ses mâchoires de crocodile. Un véritable tourbillon de couleurs et de bruits parut emplir l'espace, jusqu'au moment où s'éleva un son aigu, strident, continu, impérieux, et Antoine

s'éveilla, étonné de se retrouver sous ses couvertures et de devoir arrêter son réveil.

Il fallait se lever, aller en classe et répondre à l'interro d'histoire. Sans doute connaissait-il un peu mieux les momies. Mais pouvait-on se fier à un rêve?

Comme il sortait une jambe de son lit, il sentit quelque chose de dur dans la poche de son pyjama. Il en tira un scarabée en pierre verte, au dos couvert de hiéroglyphes.

Alors, Antoine sut qu'il n'oublierait jamais le pharaon Thoutmosis III, qui était un grand conquérant et qui, en même temps, ressemblait à son grand-père.

Halloween aujourd'hui

À présent, vous allez apprendre comment les jeunes Américains fêtent Halloween. Bien entendu, ils se déguisent et vont demander des bonbons, de maison en maison. Ils jouent à toutes sortes de jeux, plus horrifiques les uns que les autres, sans oublier celui qui consiste à attraper des pommes avec ses dents.

Savez-vous pourquoi, dans les pays celtiques, Irlande, Grande-Bretagne et même États-Unis, la fête d'Halloween est associée aux pommes ?

Dans les légendes d'autrefois, en particulier dans celle d'Arthur et de la Table ronde, il est dit que les valeureux guerriers, après leur mort, se rendaient dans l'île d'Avalon – une représentation de l'Autre Monde. On l'appelait l'île aux Pommes et la reine d'Avalon, la fée Morgane, portait une branche de pommier, symbole d'abondance et de paix.

13. Lettre de Julie

Une jeune Française, Julie, passe une année à Houston, au Texas, chez son oncle Bob et sa tante Nathalie. Elle écrit à son amie Vanessa, restée en France, et lui explique comment les familles américaines fêtent Halloween.

Houston, le 1ᵉʳ novembre

Salut Vanessa !

Il faut absolument que je te raconte ma

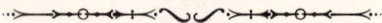

journée d'hier. Ç'a été une journée... super, géniale, *terrific*, comme disent les Américains. (Ce qui ne veut pas du tout dire «terrifique», mais quelque chose comme supergénial»...)

Dès le matin, je suis allée chez Pen (tu sais bien, Pénélope, ma nouvelle copine). Elle préparait une *Halloween party* pour ses petits frères et leurs amis. Elle n'habite pas loin, mais pas loin, au Texas, c'est tout de même loin et Tante Nat a dû me conduire en voiture.

Pen a drôlement bien préparé les choses. Pour commencer, elle leur fera chanter des chansons et leur posera des devinettes. (À propos, sais-tu ce qu'un vampire redoute le plus? Les caries dentaires! Et les momies, où vont-elles pour nager? Dans la mer Morte... Ah! ah!)

Pen a aussi tout un stock de crayons-feutres, de papiers, de ciseaux, de pots de colle pour que les enfants barbouillent de petites citrouilles en carton-pâte et leur collent des faux nez. Ils feront un concours, ils auront tous des prix.

Ensuite, elle se déguisera en diseuse de bonne aventure et elle leur prédira l'avenir, inscrit sur de petits papiers. Elle en a pré-

paré un qu'elle m'a montré. Il n'y avait rien d'écrit dessus ! – Mais si, *stupid*, a dit Pen en se moquant de moi, tu vas voir, c'est un tour de magie. En fait, elle a utilisé du jus de citron, invisible quand on le regarde, mais qui brunit et forme des mots quand on l'approche d'une ampoule électrique. Donc je l'ai aidée à écrire sur ses petits papiers, et aussi à faire pendre du plafond, au bout de ficelles, des pommes. (Pas d'Halloween sans pommes ! C'est comme les citrouilles, obligatoire.) Les petits devront les attraper avec leurs dents, sans se servir de leurs mains. Ce qu'ils vont s'amuser ! *It will be fun* !

Attends, ce n'est pas fini, m'a encore dit Pen, tu vas m'aider à fabriquer « la chambre des horreurs ». On a mis bout à bout, en les collant avec du scotch, de gros cartons qui avaient servi à leur déménagement. Ça a formé une espèce de tunnel. On a décoré l'extérieur avec les motifs habituels, chauves-souris, chats noirs, vampires, têtes de mort, tout en orange et noir puisque ce sont les couleurs d'Halloween. Ensuite on s'est faufilées à l'intérieur, à plat ventre, on était mortes de rire ! Heureusement qu'on est minces. Il fal-

lait accrocher des araignées en plastique (toutes molles, un peu gluantes, pouah!), un gant en caoutchouc plein d'eau (bien ficelé pour que ça ne se renverse pas), plus deux ou trois éponges (Pen les mouillera au dernier moment). Tout ça à la bonne hauteur pour que ça pendouille contre le visage des pauvres mômes, qui avanceront là-dedans à quatre pattes.

Pour que ça soit encore plus sinistre, Pen m'a fait écouter une cassette achetée exprès, pleine de gémissements, craquements, hurlements, cris de chouette et bruits de tempête. J'ai dit à Pen :

— Mais ils vont mourir de peur!

— Penses-tu, ils adorent ça. Et puis ils ont l'habitude. C'est pareil à chaque Halloween. L'année dernière, j'avais eu une idée terrible. On a joué au jeu du cadavre.

— Du cadavre?

— Oui, on les fait asseoir dans le noir, on leur fait passer les morceaux du cadavre dans des assiettes, ils doivent deviner ce que contient chaque assiette.

— C'est-à-dire?

— Eh bien, un chou-fleur bien cuit, c'est

la cervelle, des spaghettis collants, les intestins, deux abricots, les oreilles. Et les yeux, ce sont deux gros grains de raisin pelés. *Terrific*, non ?

Je n'ai rien répondu. Ils sont drôles, ces Américains.

J'ai mangé un sandwich, puis Tante Nat est venue me chercher. Elle m'a dit :

—Dépêche-toi, Julie, Chris est arrivé. Il t'attend pour faire de la sculpture sur citrouille !

Chris m'attendait sur la terrasse, un couteau pointu à la main. Il avait posé sur la table les deux citrouilles que nous avions achetées la veille, dans la cour de l'église méthodiste*. Ici, ce sont les églises qui organisent le marché aux citrouilles, l'argent de la vente sert à leurs œuvres.

J'ai aidé Chris à découper les citrouilles, mais c'est lui qui a dessiné les yeux, le nez et la bouche. Ce n'est pas pour rien qu'il est étudiant aux Beaux-Arts. C'était rudement bien, une des citrouilles pleurait, l'autre avait l'air de rire. On les a posées de chaque côté

* Méthodiste : le culte méthodiste est un des cultes protestants les plus répandus aux États-Unis.

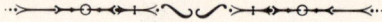

du perron, sous la guirlande électrique, près de l'épouvantail et du fantôme.

— Elle est bien décorée, notre porte, n'est-ce pas ? a demandé Bob, mon oncle, qui venait de rentrer. Tu verras ce soir, ce sera encore mieux, quand tout sera allumé.

J'avais hâte d'être au soir. On a dîné encore plus tôt que d'habitude, vers six heures, puis j'ai enfilé mon déguisement. Finalement, j'avais choisi d'être une sorcière, *a witch*, c'est plus amusant. Le chapeau et le masque, on les avait achetés au supermarché, il y avait un choix pas possible, des rayons entiers de chapeaux pointus et de nez en carton. Tante Nat m'a prêté sa cape. Par souci de perfectionnement, j'ai pris le grand balai qui sert à nettoyer la terrasse. *Stupid*, aurait dit Pen. C'est vrai, il m'a encombrée toute la soirée.

Bob et Chris m'ont fait des compliments. Quant à Tante Nat, elle a absolument tenu à m'accompagner jusque chez Laura, où j'avais rendez-vous à sept heures pile. C'est la quatrième maison à gauche. J'ai dit à Tante Nat :

— Je peux y aller seule. Je ne suis plus un bébé tout de même, j'ai presque treize ans. En France…

Elle m'a interrompue sèchement :

— On n'est pas en France ici.

De quoi a-t-elle peur ?

Chez Laura, ils m'attendaient, tous déguisés, même son grand frère qui a au moins dix-huit ans et qui devait faire avec nous la tournée des maisons. On est partis. Chacun de nous tenait à la main un sac en plastique, orange et noir évidemment, avec des squelettes dessinés dessus. Moi, en plus, j'avais mon balai qui pesait une tonne. Avec mon chapeau qui dégringolait, mon faux nez qui m'empêchait de respirer, ma jupe qui s'entortillait autour de mes jambes, c'était réussi... N'empêche, on s'est bien amusés.

On est entrés dans une bonne douzaine de maisons. On sonnait, on disait en chœur : « *Trick or treat !* » (Des friandises ou des bêtises ! En fait, ça veut dire exactement : Je te joue un tour à ma façon si tu ne me donnes pas de bonbons.) On tendait notre sac à tour de rôle, on remerciait, on repartait et on recommençait plus loin. De temps en temps, on rencontrait d'autres bandes qui faisaient la même chose, toujours avec un père ou un grand frère. (En Amérique, les parents ont toujours peur qu'il arrive quelque chose à

leurs enfants.) Au bout d'une heure et demie, on avait mal aux jambes et la voix enrouée. On est retournés chez Laura, on a encore mangé et on s'est séparés. Le grand frère de Laura m'a raccompagnée. Il m'a demandé si je me plaisais au Texas. Il faisait doux, on a beau être fin octobre, c'est presque encore l'été. Quand je pense que vous, en France, vous êtes dans le froid et le brouillard, je me dis que j'ai de la chance.

Je n'avais pas envie de rentrer. C'était joli, toutes ces maisons illuminées, avec leurs épouvantails, leurs sorcières, leurs fantômes et leurs toiles d'araignées géantes. Sûrement que les plus belles auraient pu gagner le concours des Maisons Hantées.

J'ai eu du mal à m'endormir. Je me disais : «Halloween, c'est fini. Déjà. Qu'est-ce qu'on va faire de toutes ces citrouilles?»

— On les laisse encore un moment, m'a dit Tante Nat ce matin. Jusqu'à Thanksgiving*. Alors, on a encore besoin de citrouilles

* Thanksgiving : fête au cours de laquelle les Américains célèbrent le souvenir des premiers pionniers rendant grâces à Dieu de les avoir sauvés de la famine, les Indiens leur ayant montré comment cultiver le maïs.

pour faire le *pumpkin pie***.

Dis, Vanessa, je parie que tu ne sais pas ce que c'est que le *pumpkin pie*, ni Thanksgiving ? Je t'expliquerai dans ma prochaine lettre. Plein de grosses bises.

Ta Julie

** Pumpkin pie : tarte à la citrouille. Avec la dinde farcie à la sauce aux airelles, le pain de maïs et les patates douces, elle fait partie du repas traditionnel de Thanksgiving.

Bibliographie

Cornish Witchcraft, J. MacLeay, James Pike Ltd, 1977.

Fantômes et maisons hantées, C. de Neubourg, Grasset, 1957.

Folk Tales of the British Isles, M. Foss, Book Club Associates, 1977.

A Clutch of Vampires, R.T. MacNally, New York Graphic Society, 1974.

Mythologie du vampire en Roumanie, A. Cremene, Éditions du Rocher, 1981, repris dans « Découvertes Gallimard », n° 161, 1993 (pour la formule de conjuration).

Contes et Légendes du Japon, F. Challaye, Nathan, 1963.

When Lion Could Fly, N. Greaves, Southern Africa ed., 1993.

Contes et Nouvelles des Philippines, M. Coyaud, J.-P. Potet, PAF, repris dans *365 Contes des pourquoi et des comment*, M. Bloch, Gallimard, 1997.

Egyptian Mummies, B. Adams, Shire Publications Ltd, 1984.

Vivre en Égypte ancienne, B. Menu, «Découvertes» Gallimard, 1998.

Guide pratique des esprits irlandais, B. Curran, Appletree Press, 1997.

Contes gaéliques, D. Hyde, Éditions du Rocher, 1995.

Le Foyer breton, É. Souvestre, W. Coquebert, 1845.

Histoires et Légendes de l'Espagne mystérieuse, C. Couffon, Tchou, 1968.

Table des matières

Françoise Rachmuhl

L'auteur aime les contes depuis toujours. Elle aime les écouter dès son enfance lorraine, les inventer, les lire. Plus tard, elle se mettra à en écrire. Au cours de ses nombreux voyages, elle a recueilli récits traditionnels et légendes, dits ou publiés en français ou en anglais (elle a séjourné aux États-Unis). Elle a publié pour la jeunesse une dizaine de recueils de contes de différents pays ou des provinces de France. Après avoir longtemps travaillé dans l'édition scolaire, elle anime actuellement dans des classes des ateliers d'écriture de contes ou de poésie.

Frédéric Sochard

L'illustrateur des pages intérieures est né en 1966. Après des études aux Arts Décoratifs, il travaille comme infographiste et fait de la communication d'entreprise, ce qui lui plaît beaucoup moins que ses activités parallèles de graphiste traditionnel : création d'affiches et de pochettes de CD. Depuis 1996, il s'auto-édite, et vend ses « petits bouquins » sur les marchés aux livres, de la poésie... Pour le plaisir du dessin, il s'oriente depuis deux ans environ vers l'illustration de presse ; il débute dans l'édition avec Castor Poche. Et avec tout ça, il a trouvé le temps de faire deux expositions de peinture...

Vivez au cœur de vos
passions

Policier

Humour

Théâtre

Aventure

La vie en vrai

CASTOR POCHE

Passion cheval

Histoires d'ailleurs

Voyage au temps de...

Contes, Légendes et Récits

10 nouvelles fantastiques
De l'Antiquité à nos jours
Présentées par Alain Grousset

n°1013

De Pline le Jeune à Stephen King, en passant par Edgar Poe ou Guy de Maupassant, on retrouve ce même goût du frisson... Les hommes ont toujours aimé se raconter des histoires pour se faire peur.

Des histoires de fantômes, de diables, mais aussi de téléphones portables machiavéliques.

10 nouvelles pour trembler...

Les années

COLLEGE

avec **CASTOR POCHE**

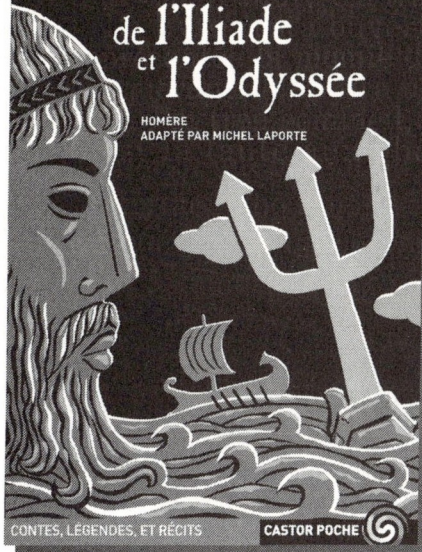

12 récits de l'Iliade et l'Odyssée
Homère
Adapté par Michel Laporte

n°982

Le récit des combats d'Achille et Hector durant la guerre de Troie est aussi passionnant à lire qu'il l'était à entendre dans l'Antiquité grecque. Et l'extraordinaire épopée d'Ulysse suscite la même fascination qu'il y a trois mille ans ! Il faut dire qu'il se passe toujours quelque chose avec ces personnages à la fois fragiles et forts : ils sont si humains !

Les années
COLLEGE

avec **CASTOR POCHE**

16 métamorphoses d'Ovide
Françoise Rachmuhl

n°943

En contant les métamorphoses des dieux et des hommes, Ovide nous entraîne aux côtés des divinités et des héros les plus célèbres de l'Antiquité. Jupiter critique les hommes, mais il aime les femmes, Narcisse adore son propre reflet, Persée enchaîne les exploits tandis que Pygmalion modèle une statue plus vraie que nature...

Les années

●●● COLLEGE ●●●

avec **CASTOR POCHE**

12 contes de Bretagne n°1071
Jean Muzi

D'après certaines légendes, les fées, en quittant la Bretagne, versèrent tant de larmes qu'elles créèrent le golfe du Morbihan... On les comprend, tant cette belle terre recèle de trésors... On y trouve aussi bien des esprits maléfiques que des lutins bienveillants, et le bien, la bonté, l'honnêteté et la générosité y sont toujours récompensés...

Les années
COLLEGE

avec **CASTOR POCHE**

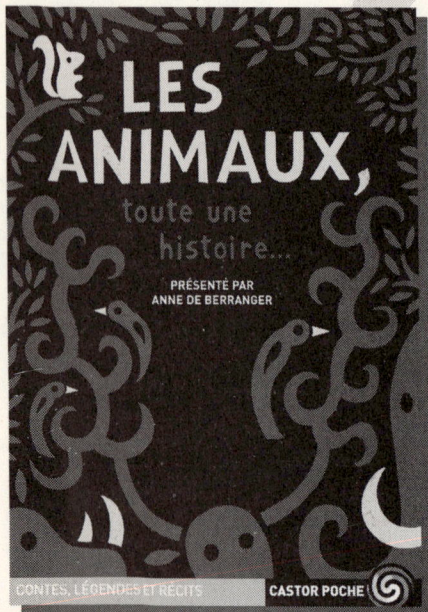

Les animaux, toute une histoire...
Présenté par Anne de Berranger

n°1073

Le renard apprivoisé du Petit Prince, la gentille couleuvre de Jean de La Fontaine ou la pauvre chèvre de Monsieur Seguin, ces "héros-animaux" nous donnent parfois bien des leçons!
Une invitation à plonger au cœur des textes et à découvrir les aventures extraordinaires de ces animaux qui, en prose ou en vers, nous soufflent leurs secrets.

Les années

COLLEGE

avec **CASTOR POCHE**

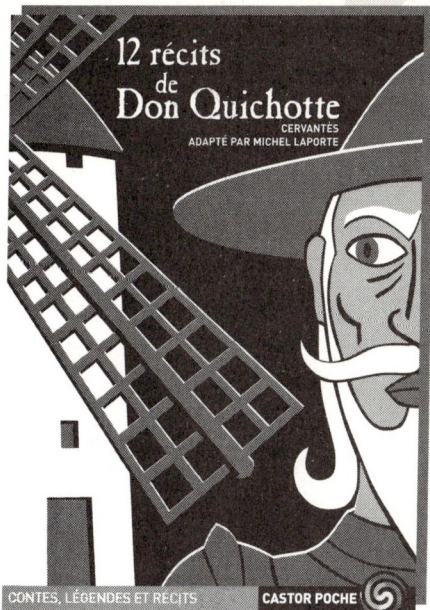

12 récits de Don Quichotte
CERVANTÈS
ADAPTÉ PAR MICHEL LAPORTE

CONTES, LÉGENDES ET RÉCITS — CASTOR POCHE

13 aventures de don Quichotte
Adaptées par Michel Laporte
D'après Cervantès

n°1072

Dans un lieu-dit de la Manche vivait un hidalgo... A force de lire du matin au soir et du soir au matin, il finit par se dessécher la cervelle. Ayant tout à fait perdu la raison, il eut une idée : devenir chevalier errant.

Il se mit donc en quête d'une monture, d'une lance, d'un valet, d'une dame de ses pensées, et, surtout d'aventures !

Les années
COLLEGE

avec **CASTOR POCHE**

Finn et les pirates 1
Paul Thiès

n°997

AVENTURE

CASTOR POCHE

Finn Mc Cloud est employé comme mousse sur le *Cordélia*, un navire en partance pour les États-Unis. Lors d'une escale au Brésil, il rencontre Anne, la plus belle fille du monde, mais aussi la plus dangereuse... Elle est en effet la fille d'un célèbre pirate. Avec ses amis, Sara et Miguel, elle a décidé de suivre les traces de son père... Finn se trouve entraîné dans leurs aventures...

Les années
COLLEGE

avec **CASTOR POCHE**

Le col des Mile Larmes
Xavier-Laurent Petit

n°979

Galshan est inquiète : cela fait plus de six jours que son père, chauffeur d'un poids lourd qui sillonne l'Asie, aurait dû rentrer de voyage. La jeune fille rêve de lui toutes les nuits. Tout le monde pense que Ryham a péri lors de la traversée du col des Mille Larmes, ou qu'il a été victime.

Galshan, elle, sait que son père est en vie.

Les années
●●●● COLLEGE ●●●

avec **CASTOR POCHE**

L'Étalon des mers
Alain Surget

n°820

Leif est le fils aîné d'Érik le Rouge. Ce dernier a ramené d'un voyage un splendide étalon noir. Mais nombreux sont ceux qui convoitent l'animal, et les rivalités se déchaînent. Au point que toute la famille de Leif est bannie du village et doit prendre la mer. Après avoir affronté mille dangers, les drakkars accostent une terre inconnue...

Les années

COLLEGE

avec **CASTOR POCHE**

L'étrange chanson de Sveti
ÉVELYNE BRISOU-PELLEN

AVENTURE

CASTOR POCHE

L'étrange chanson de Sveti
Évelyne Brisou-Pellen

n°123

La famille de Sveti a été anéantie par la peste, alors qu'elle n'avait pas cinq ans. Pourtant, on n'a jamais retrouvé son père. Serait-il vivant? Recueillie par une troupe de Tsiganes, Sveti se raccroche à cet espoir. Et à la chanson que son père lui chantait petite. Qui sait? Peut-être finira-t-il par l'entendre... Sveti retrouvera-t-elle une famille?

Les années
COLLEGE

avec **CASTOR POCHE**

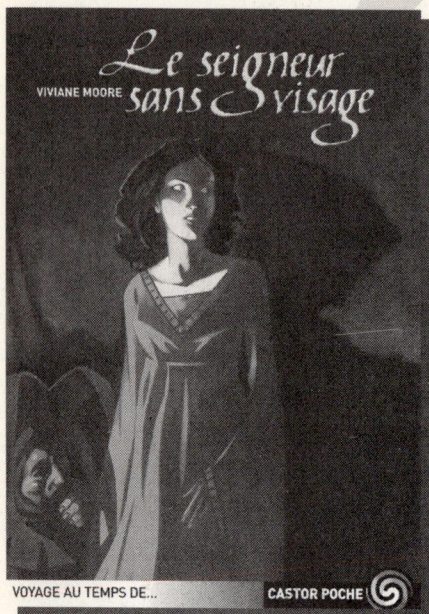

VIVIANE MOORE

Le seigneur sans visage

VOYAGE AU TEMPS DE... CASTOR POCHE

Le Seigneur sans visage   n°993
Viviane Moore

Le jeune Michel de Gallardon fait son apprentissage de chevalier au château de la Roche-Guyon. Une série de meurtres vient bientôt perturber la quiétude des lieux. La belle Morgane, semble en danger... Prêt à tout pour la protéger, Michel fait le serment de percer le secret du seigneur sans visage... Mais la vérité n'est pas toujours belle à voir...

Les années
COLLEGE

avec **CASTOR POCHE**

Aliénor d'Aquitaine
Brigitte Coppin

n°641

1137. Aliénor, âgée de 15 ans, quitte sa chère Aquitaine pour épouser le roi de France et devenir reine. Elle entre à Paris sous les cris de joie et les gerbes de fleurs, mais très vite, sa vie royale l'ennuie. Entre une belle-mère autoritaire et un mari trop timide, Aliénor ne parvient pas à assouvir ses rêves de pouvoir et sa soif d'aventures.

Les années
COLLEGE

avec **CASTOR POCHE**

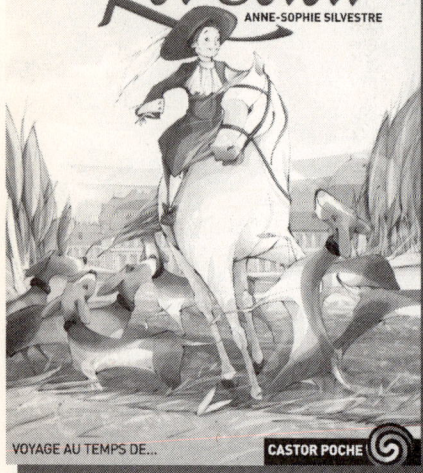

Course contre le Roi-Soleil
Anne-Sophie Silvestre

n°1012

Au château de Versailles, Monsieur Le Brun est prêt à dévoiler son nouveau chef-d'œuvre, le bassin d'Apollon. Toute la cour est là... sauf le Roi-Soleil, qui est introuvable! Philibert, le fils de l'artiste, décide de tout faire pour retrouver Louis XIV, tant que le soleil éclaire le bassin. Mais il faut faire vite! Philibert se lance dans une course contre le soleil!

Les années

COLLEGE

avec **CASTOR POCHE**

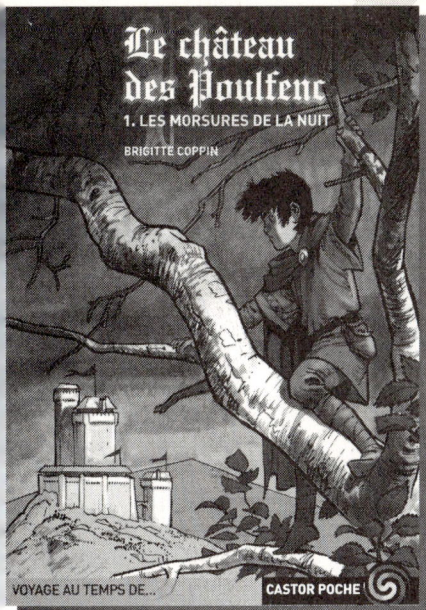

Le château des Poulfenc
1. Les morsures de la nuit
Brigitte Coppin

n°1074

Thomas, héritier de la noble lignée des Poulfenc, quitte le monastère où il a grandi pour devenir chevalier. Son frère est mort, il doit prendre sa suite. Au château, son oncle ne semble pas se réjouir de son retour... Les silences sont pesants et il se passe des choses étranges. Thoma sera-t-il capable d'affronter les sombres mystères de son passé? Le destin du château des Poulfenc repose entre ses mains...

Les années
COLLEGE

avec **CASTOR POCHE**

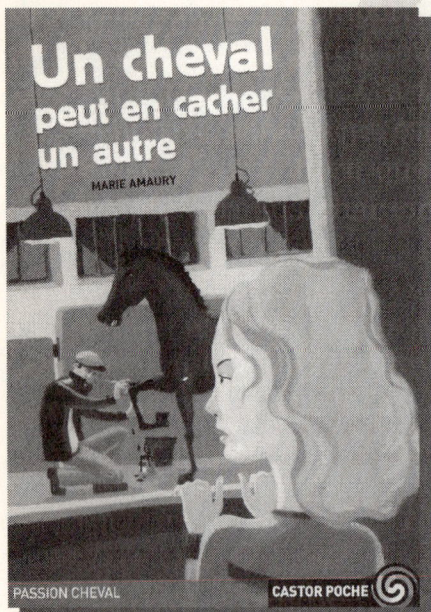

Un cheval peut en cacher un autre
Marie Amaury

n°974

Marine ne supporte pas Hughes, son "beau-père", et ce dernier le lui rend bien! Surtout lorsque la jeune fille détruit, par accident, le disque dur de son ordinateur. En guise de punition, Marine se voit contrainte de travailler 13 heures par semaine dans le haras que dirige Hughes. Marine découvre un nouvel univers plein de surprises...

Les années
COLLEGE

avec **CASTOR POCHE**

Une bataille pour un cheval
Alain Surget

n°1070

Alésia, 52 avant Jésus-Christ. L'armée de César met la Gaule à feu et à sang; les réfugiés affluent dans la ville fortifiée d'Alésia. C'est l'occasion pour Sira, une jeune fille, de faire la rencontre d'Elenos et de son magnifique étalon. Sira donnerait n'importe quoi pour le monter.
Et si la guerre qui fait rage allait lui en donner l'occasion?

Les années

COLLEGE

avec **CASTOR POCHE**

Cheval fantôme
Un poulain dans la tourmente
Terri Farley

n°1068

Quand Sam découvre que plusieurs mustangs vont être abattus, notamment un poulain aveugle, son sang ne fait qu'un tour. Elle décide de convaincre la propriétaire du ranch des Cerfs de les adopter. En contrepartie, elle l'aide. Entre ses corvées au ranch familial et ses devoirs, la jeune fille ne sait plus où donner de la tête. Elle en délaisse ses amis et ses chevaux préférés...

Les années COLLEGE

avec **CASTOR POCHE**

SUR LA PISTE DU PONY-EXPRESS

DEBORAH KENT

PASSION CHEVAL

CASTOR POCHE

Sur la piste du Pony Express
Deborah Kent

n°1069

A la mort de son père, Lexie, 15 ans, n'a plus que son frère aîné, Callum, pour famille. Mais le jeune homme, accusé d'avoir dérobé un paquet contenant une bague précieuse parmi le courrier du Pony Exress, a pris la fuite, six mois plus tôt. La jeune fille décide de partir à sa recherche et de prouver son innocence.
Retrouvera-t-elle sa piste?

Les années

●●● COLLEGE ●●●

avec **CASTOR POCHE**

LINDA SUE PARK

les princes du cerf-volant

HISTOIRES D'AILLEURS

CASTOR POCHE

Les Princes du cerf-volant   n°983
Linda Sue Park

Deux frères ont une passion commune : le cerf-volant. L'un connaît tous les secrets de fabrication, l'autre manie les ficelles comme un véritable virtuose. Tous les jours, Ki-Sup et Young-Sup jouent et inventent mille figures avec leur tigre ailé. Un jour, un garçon les remarque et leur commande un cerf-volant. Mais ce jeune garçon n'est pas n'importe qui...

Les années ●●● COLLEGE ●●●

avec **CASTOR POCHE**

Le Pont aux cerisiers
Blanca Alvarez

HISTOIRES D'AILLEURS

CASTOR POCHE

n°1062

Dàns le train, Bei-Fang pense. Son père a décidé de l'exiler à la campagne. La jeune fille de 17 ans devra réfléchir à son avenir. Bei-Fang redoute son séjour chez sa grand-mère. Elle s'ennuie déjà en songeant aux longues soirées sous le cerisier, à écouter des histoires ennuyeuses.
Bei-Fang ne se doute pas que ces récits lui apporteront bien des réponses...

Les années
COLLEGE

avec **CASTOR POCHE**

Cet
ouvrage,
le sept cent
soixante-quatorzième
de la collection
CASTOR POCHE
a été achevé d'imprimer
sur les presses de l'imprimerie
Maury-Imprimeur
Malesherbes - France
en décembre 2008

Dépôt légal : septembre 2000.
N° d'édition : L.01EJENFP4789.B004
Imprimé en France.
ISBN : 978-2-0816-4789-3
ISSN : 0763-4497-9
Loi N° 49-956 du 16 juillet 1949
sur les publications destinées à la jeunesse